COM
PEN
DIOS

Mariano Wolfson

EL CHAMANISMO

Percepción de otros niveles de realidad

longseller

El chamanismo
Percepción de otros niveles de realidad
© Longseller, 2004

GERENCIA DE EDICIÓN: Diego F. Barros
EDITORES: Juan Carlos Kreimer / Nerio Tello
CORRECCIÓN: Gastón Rodríguez

DIVISIÓN ARTE LONGSELLER
DIRECCIÓN DE ARTE: Adriana Llano
COORDINACIÓN GENERAL: Marcela Rossi
DISEÑO: Javier Saboredo / Diego Schtutman / Laura Pessagno
DIAGRAMACIÓN: Santiago Causa / Mariela Camodeca / Constanza Gibaut
Conneccióru Norma Goja

IMÁGENES DE TAPA: Las dos imágenes pertenecen a culturas chamánicas de los
Estados Unidos. La de la derecha es un escudo de los indios Araoosh, que se
relaciona con la medicina de guerra. La imagen de la izquierda es un diseño
de arenas coloreadas de los indios Navajo, que forma parte de los rituales
curativos de los chamanes de dicho pueblo.

Longseller S.A.
Casa matriz: Avda. San Juan 777
(C1147AAF) Buenos Aires
República Argentina
Internet: www.longseller.com.ar
E-mail: ventas@longseller.com.ar

Wolfson, Mariano
El chamanismo. Percepción de otros niveles de realidad – 1ª ed. Buenos Aires:
Longseller, 2004
   112 pp.; 20 x 14 cm (Compendios)
   ISBN 987-550-504-8

   1. Antropología. I.Título
   CDD 301

 Esta edición de 3.500 ejemplares se terminó de imprimir
en la Planta Industrial de Longseller S.A., Buenos Aires,
República Argentina, en octubre de 2004.

Aunque sea difícil de explicar en términos lógicos,
cuanto más conocemos de los pueblos indígenas,
más fuerte se hace la sensación
de que ellos tienen algo que nosotros hemos perdido.

—**MARGARITA FARRÁN**

("Los hombres invisibles",
revista *Ajoblanco* N° 59).

ÍNDICE

UNA VÍA DE CONTACTO ESPIRITUAL CON LA NATURALEZA Y EL COSMOS

Aun cuando diversos investigadores ubican en el paleolítico superior el origen del chamanismo, el término *chamán* recién comenzó a circular en la segunda mitad del siglo XVII, a partir de los relatos de los primeros viajeros rusos que lo tomaron de las tribus tunguses (comunidades altaicas del noreste siberiano). En sus narraciones, estos aventureros describían las actividades de ciertos "brujos o hechiceros" que ingresaban en raros trances mentales, ataviados con vestimentas rituales y acompañados por los sones de un tambor.

Estos indicios y estudios posteriores permiten referirse a Asia central y septentrional como la cuna del chamanismo. La migración de grupos tribales a América a través del estrecho de Bering explicaría su difusión en el Nuevo Mundo, aunque no faltan los investigadores que destacan la presencia de elementos chamánicos similares a los americanos entre los pueblos lapones del norte de Europa. En cualquier caso, existe cierto consenso en extender la zona de influencia del chamanismo hasta Corea y Japón, pasando por las fronteras de Nepal, China e India, también hasta Indochina y América, e incluso Indonesia y Oceanía.

Más allá de las formas particulares que adoptó en cada época y lugar, el fenómeno chamánico presenta un buen número de elementos recurrentes, así como una gran coherencia interna. En la actualidad, Sudamérica se presenta como una de las regiones más indicadas para llevar adelante estudios y compartir experiencias: algunos grupos indígenas mantienen esta práctica de manera abierta, aun en comunidades muy afectadas por el cambio cultural.

Para el afamado historiador de las religiones Mircea Eliade, el conjunto de prácticas y enseñanzas que caracteriza al chamanismo está en la base de todas las demás tradiciones espirituales del planeta. Sin embargo, el chamanismo no es un sistema de creencias: se basa en experiencias personales realizadas por un ser singular –el chamán– con el fin de sanar alguna enfermedad, obtener una información relevante para la vida de la comunidad o reparar algún equilibrio social o ecológico dañado. El propio Eliade lo definió como la "técnica arcaica del éxtasis": su elemento más distintivo es el *viaje* del chamán a *otros mundos* (el Superior, el Inferior o el Intermedio) en un estado alterado de conciencia. De la obtención de resultados positivos y palpables para su tribu, dependerá el prestigio y la legitimidad de este personaje dentro del grupo.

A fines de los años sesenta y comienzos de los setenta, el éxito del primer libro del antropólogo y escritor Carlos Castaneda –*Las enseñanzas de Don Juan*–, en el que relata su iniciación en las artes de la *brujería* bajo las órdenes de un indio yaqui de Sonora (México), colocó la cuestión del chamanismo en el ojo de la tormenta. Si bien en el ambiente académico se desestima el valor documental de los libros de Castaneda –se los considera una suerte de colage de datos de fuentes dispersas, convenientemente combinados por la imaginación y la cautivante pluma del autor–, lo cierto es que esos relatos llevaron a gran cantidad de hippies y buscadores espirituales europeos y americanos a intentar expandir sus conciencias a través de la ingestión de *plantas sagradas*, o a buscar a algún chamán en el desierto mexicano o en otro algún lugar del Nuevo Continente que les facilitara la llave para comunicarse con esos otros mundos. Hacia fines del siglo XX, con el traslado de algunos de estos buscadores a las grandes ciudades, el *neochamanismo* llegó a convertirse en una vigorosa movida cultural.

En nuestros días, ya cobró forma una suerte de movimiento neochamánico, que vio la luz en la década de 1980 con los trabajos de, entre otros, el estadounidense Michael Harner. Este antropólogo realizó investigaciones de campo con los indios shuar en la Amazonia ecuatoriana y finalmente montó su propio espacio de difusión de técnicas chamánicas sin el uso de enteógenos, nombre con el que se designa a las plantas u hongos utilizados para contactarse con las divinidades. Hay quienes acusan a Harner y sus seguidores de conformar un movimiento un tanto *light*, alejado del chamanismo original, al intentar adaptar esta práctica y cosmovisión propia de sociedades arcaicas al mundo occidental. De cualquier forma, como señala el argentino Pablo Wright, también antropólogo, «en muchas sociedades modernas, incluso en las subdesarrolladas, se está dando una reacción neochamánica: es un fenómeno de resistencia frente a la modernización última de todas las relaciones sociales y de la espiritualidad. Es la búsqueda del misterio, en un mundo y una época donde todas las relaciones están racionalizadas».[1]

Se trata, en general, de un movimiento minoritario y de clase media, aunque también se dan experiencias de fusión entre la re-

---

[1] Wright, Pablo, entrevista no publicada de Mariano Wolfson, Buenos Aires, agosto de 2002.

ligiosidad popular y algunos elementos chamánicos que escapan de su ámbito sociológico.

Aunque todavía de manera bastante marginal, ciertas prácticas chamánicas se utilizan hoy en las grandes urbes como una alternativa terapéutica, que abarca aspectos médicos, psicológicos y religiosos. «En la figura del chamán convergen una serie de cualidades que nuestra cultura separa, pero que inconscientemente desea reunir: sacerdote, médico, adivino, sabio y artista. Es por esto que nos fascina y con frecuencia nos ciega», dice el etnólogo francés Michel Perrin.[2] Quizás esto explique, al menos parcialmente, el auge del chamanismo. Pero, evidentemente, hay algo más: el interés por las prácticas chamánicas es parte de una búsqueda que, con avances y retrocesos, tiene lugar en todo el planeta, y que apunta a renovar nuestra relación espiritual con la naturaleza y el cosmos. Un intento que en realidad refleja una profunda carencia, expresada con palabras bellas y simples por Juan Gilberto Flores Salazar, chamán del grupo étnico asháninka de la Amazonia peruana: «En general, a las personas del mundo occidental les falta una cosa dentro del cuerpo, una fuerza que se busca... Y eso que les falta está en el sistema espiritual que traen las plantas que usamos nosotros. Al día siguiente de haber tenido una experiencia con una planta *maestra*, las personas amanecen mucho más tranquilas. Por eso, creo que lo que en verdad necesitan es comunicarse con la Tierra».[3]

---

2 Perrin, Michel, "Lógica chamánica", en *Chamanismo en Latinoamérica,* Isabel Lagarriga, Jacques Galinier, Michel Perrin (coord.), Plaza y Valdés, México, 1995.

3 Flores Salazar, Juan Gilberto, "Maestros amazónicos", Mariano Wolfson (entrev.), en revista *Uno Mismo* Nº 184, Agedit, Buenos Aires, 1998.

Capítulo I

¿QUÉ ES UN CHAMÁN?

A pesar de haber sido catalogada por algunos investigadores como "excesivamente mística", la obra de Mircea Eliade continúa siendo el material de cabecera a la hora de abordar la cuestión del chamanismo. Este investigador rumano define al chamán como el especialista de un trance durante el cual su alma abandona el cuerpo para emprender ascensiones al Cielo o descensos al Infierno. Para lograr sus cometidos, este personaje cuenta con la ayuda de una serie de *espíritus auxiliares*, ya que tiene la capacidad de comunicarse con los muertos, los *demonios* y los *espíritus de la Naturaleza*, sin transformarse por ello en su instrumento.

Por lo común, las culturas chamánicas eran, en su origen, tribus de cazadores y recolectores, organizadas como estructuras pequeñas. Habitualmente, no se asocia estas prácticas con los grupos que conformaron imperios o sociedades de tipo estatal; aunque eso no significa que en esos casos no hayan existido, de manera periférica y no del todo legitimada, individuos con conocimientos asociados al chamanismo.

Según Eliade[4] –quien se refiere al chamanismo siberiano y centroasiático como la variante más pura y original–, las comunidades chamánicas conciben al Universo como constituido por tres regiones, Cielo, Tierra e Infiernos, unidas entre sí por un eje central. Este eje pasa por una "abertura" por donde los dioses descienden a la Tierra, y los muertos bajan a las regiones subte-

---

4 Eliade, Mircea, *El chamanismo y las técnicas arcaicas del éxtasis,* Fondo de Cultura Económica, México, 1976.

rráneas. Por ese eje –Árbol del Mundo, Montaña Cósmica o Pilar del Mundo–, el alma del chamán en éxtasis puede subir o descender al Cielo o a los Infiernos. De tal suerte, los chamanes serían los únicos seres humanos que desarrollaron la capacidad de entablar una comunicación real y efectiva entre los tres planos cosmológicos.

La simbología de la ascensión tiene un papel central en la cosmovisión chamánica. «El éxtasis chamánico podría considerarse una reactualización del tiempo mítico en que los hombres podían comunicarse en concreto con el Cielo», afirma Mircea Eliade. Y agrega: «Es indudable que la ascensión del chamán es una muestra de supervivencia, profundamente modificada, y a veces degradada, de la ideología religiosa arcaica centrada en la fe en un Ser Supremo celeste y en la creencia en las comunicaciones concretas entre el Cielo y la Tierra. De hecho, los mitos aluden a relaciones muy íntimas entre los Seres Supremos y los chamanes: tratan, sobre todo, de un Primer Chamán enviado por el Ser Supremo a la Tierra para defender a los humanos de las enfermedades y de los malos espíritus».[5]

En efecto: los chamanes cumplen un rol fundamental en la defensa del bienestar de sus comunidades. Apuntalan la vida, la salud, la fecundidad y el mundo de la *luz*, contra la muerte, las enfermedades, las desgracias y el reino de las *sombras*. Como señala Eliade, «la presencia de semejante campeón en una sociedad arcaica demuestra la certeza de que los humanos no están solos en un mundo extraño, rodeados por demonios y por las *fuerzas*

---

5 Eliade, Mircea, ob. cit.

del Mal. Aparte de los dioses y seres sobrenaturales a los que se dirigen sus rezos y sacrificios, existen los *especialistas de lo sagrado,* hombres y mujeres capaces de *ver* a los espíritus, de subir al Cielo y de encontrarse con los dioses, de descender a los Infiernos y de combatir contra los demonios, la enfermedad y la muerte».[6]

Los pueblos indígenas chamanistas toman muy en serio los trances de sus *maestros del éxtasis.* Estas experiencias los involucran de manera muy directa, porque a través de sus viajes los chamanes y chamanas los curan, acompañan a sus difuntos al Reino de las Sombras e intermedian entre ellos y sus divinidades. El chamán no solamente dirige algunos aspectos de la vida religiosa de la tribu, sino que también vela por las almas de sus integrantes: «Es el gran especialista del alma humana: sólo él la *ve*, porque conoce su forma y su destino»,[7] asegura Mircea Eliade.

Viajes al "otro mundo"

A grandes rasgos, los pueblos chamánicos dividen al mundo en dos espacios: *este mundo* y el *otro mundo*. Se supone que el otro mundo regula el orden de este, domina la Naturaleza y origina todas las situaciones, buenas o malas, que padecen los hombres. El hambre y la sequía, los desastres naturales, la enfermedad o la muerte, son concebidos como castigos del otro mundo porque uno o varios miembros del grupo se comportaron de manera agresiva hacia su entorno natural o social. «Estas comunidades

---

6 Eliade, Mircea, ob. cit.
7 Eliade, Mircea, ob. cit.

suponen que la comunicación entre ambos niveles de realidad es factible: el otro mundo se comunica con este a través de lenguajes como el del sueño, lo cual posibilita efectuar diagnósticos y adivinaciones»,[8] apunta Michel Perrin.

Los chamanes cuentan con *espíritus auxiliares* provenientes del otro mundo o vinculados a él: pueden ser tanto entidades sobrehumanas como almas de chamanes difuntos. Gracias a la colaboración de estos auxiliares, el chamán identifica las causas de las desgracias y puede realizar algún tipo de pacto con los entes sobrenaturales que la originaron, para encontrar salidas a los padecimientos de su grupo.

«El chamanismo propone un tipo de relación con lo sobrenatural basada en la comunicación con realidades no ordinarias, donde el chamán va a buscar información para sanar a una persona o a la comunidad. Es un vínculo que se logra a través de diferentes técnicas y rituales de iniciación, dependiendo de la cultura»,[9] explica Pablo Wright.

Las prácticas y enseñanzas chamánicas difieren en sus mecanismos para conectar con los otros mundos: desde producir estados no ordinarios de conciencia a través de la percusión de tambores y la danza, hasta el empleo de alucinógenos, el ayuno, la manipulación de la respiración, el sueño o la búsqueda de visiones en lugares desérticos. Como asegura el psicoterapeuta Ralph Metzner, tienen en común «el reconocimiento y el respeto de las

---

8 Perrin, Michel, ob. cit.
9 Wright, Pablo, entrev. cit.

esencias espirituales presentes en la naturaleza, el cultivo de una relación perceptual y espiritual directa con los animales, las plantas y la tierra misma en su magnífica variedad».[10]

Así las cosas, el chamanismo es básicamente un sistema destinado a tratar con la adversidad: enfermedades, problemas económicos, climáticos o políticos; malos resultados en la caza, plagas, hambre, guerras y desastres naturales. «Es una concepción particular del mundo constreñida por una función: la del chamán, que tiene que explicar cualquier desgracia y prevenirla o remediarla»,[11] puntualiza Michel Perrin.

El éxtasis chamánico no implica una *posesión* por espíritus afables o malignos, ni supone una pérdida del conocimiento o del control del cuerpo. Durante el trance, la personalidad del chamán permanece intacta, aun cuando incorpore otras estructuras simbólicas. El maestro del éxtasis conversa con los seres que *robaron* el alma del enfermo, relata su viaje y nunca pierde el registro de lo acontecido. Va en busca de las almas cuando fueron *hurtadas* por seres del otro mundo, y las lleva hasta su morada final luego de la muerte.

Uno de los equívocos más frecuentes pasa por confundir al chamán con un hechicero, un curandero o un vidente, e incluso con un sacerdote: estos personajes no son imperiosamente chamanes; en cambio, la figura del chamán sí puede incluir elemen-

---

10 Metzner, Ralph, "Conciencia chamánica", en revista *Uno Mismo* N° 225, Agedit, Buenos Aires, marzo 2002. Basado en una exposición del autor en la conferencia de la Asociación Transpersonal Internacional, Manaos (Brasil), 1996.
11 Perrin, Michel, ob. cit.

tos pertenecientes a varios de estos especialistas. El mismo Mircea Eliade advierte que «la presencia de un complejo chamánico en una zona cualquiera no implica que la vida mágico-religiosa de tal o cual pueblo se haya cristalizado alrededor del chamanismo. Por lo común, el chamanismo coexiste con otras formas de magia y religión».[12]

En suma, todo indica que los chamanes fueron los primeros sanadores, *psicoterapeutas* y líderes religiosos del planeta. Fueron y son capaces de expandir su conciencia a fin de obtener el conocimiento y el poder del mundo de los espíritus, para orientar o sanar a los miembros de su grupo. «Además de reintegrar almas perdidas y permitir la depuración espiritual de los que quebraron tabúes sociales –apunta el profesor Stanley Krippner–, promueven el acercamiento de cada miembro de la comunidad con el resto de la tribu y con la naturaleza, y siempre enfatizan la necesidad de servir a todos los hombres. También actúan como intérpretes de sueños y visiones y destacan la relevancia de hacer del crecimiento espiritual una meta en la vida de cada ser humano.»[13]

INICIACIÓN Y RITOS DE PASAJE

Las enfermedades, los sueños, las revelaciones y los éxtasis suelen ser los medios privilegiados de acceso a la condición de chamán. Estas vías constituyen una *iniciación*, y sirven para transformar al hombre común, elegido por la divinidad, en un *especialista de lo*

---

12 Eliade, Mircea, ob. cit.
13 Krippner, Stanley, "Chamanes, los primeros curadores", en *Uno Mismo* N°172, Agedit, Buenos Aires, 1997.

sagrado. Según Eliade, las experiencias de iniciación presentan casi siempre uno o varios de los siguientes condimentos: *descuartizamiento* del cuerpo del candidato, seguido de una renovación de los órganos internos y de las vísceras; ascensión al Cielo y diálogo con los dioses o los espíritus; descenso a los Infiernos y conversación con los espíritus y las almas de chamanes muertos. A estas experiencias se agrega todo un sistema de instrucción tradicional, propio de cada cultura.

«Lo más común es que los futuros chamanes atraviesen crisis vitales en algún momento de sus vidas: se enferman, son maltratados, se accidentan, se pierden, o tienen un sueño transformador –sostiene Pablo Wright–. En algunos casos, se trata de una experiencia límite. Un chamán que vive en el Chaco argentino, por ejemplo, soñó con víboras y empezó a tener la capacidad de comunicarse con ellas. Al mismo tiempo, tuvo que enfrentar terribles luchas con otros chamanes que venían en sueños a poner a prueba su poder. O sea que estos individuos no lo pasan demasiado bien...»[14]

En la mayoría de los casos, los chamanes reconocen la misión que deben cumplir a partir de una suerte de *llamado*, que suele provocarles desmayos, convulsiones o escucha de voces extrañas. Se trata de una convocatoria ineludible que los conduce a una muerte y resurrección simbólicas. Aquellos que hacen oídos sordos al llamado quedan expuestos a múltiples desgracias; si, en cambio, aceptan sus designios, su grupo les prodiga gran confianza y respeto.

---

14 Wright, Pablo, entrev. cit.

Además de la vocación espontánea (el *llamado* o la *elección*), otra alternativa para el reclutamiento de un chamán es la transmisión hereditaria. También hay individuos que se convierten en chamanes por su propia voluntad o por decisión de su pueblo; pero se cree que tienen menor poder que los que heredaron la condición o recibieron un mandato divino.

Más allá de cómo haya sido reclutado, un chamán recién es aceptado por su grupo una vez que recibe una doble instrucción: primero, de carácter extático (a través de sueños, trances, etc.), y luego, de tipo tradicional (técnicas concretas, nombres y funciones de los espíritus, lenguajes secretos, etc.). «Esta doble instrucción, asumida por los espíritus y los viejos maestros, equivale a una iniciación –asegura Mircea Eliade–. En ocasiones, la iniciación es pública y constituye en sí misma un ritual autónomo. Pero la ausencia de un ritual de este género no significa que no se efectúe la iniciación: esta puede realizarse perfectamente en un sueño o en la experiencia extática del neófito.»[15]

RECURSOS CEREMONIALES

El tambor cumple un rol vital en las ceremonias chamánicas. Permite el viaje al otro mundo, convoca a los espíritus o facilita la concentración y el contacto con esa realidad *otra* que el chamán se dispone a transitar. «Muchos sueños iniciáticos de los futuros chamanes –destaca Eliade– llevan aparejado un viaje místico al Centro del Mundo, a la residencia del Árbol Cósmico y del Señor Universal. Con una

---

15 Eliade, Mircea, ob. cit.

de las ramas de este Árbol, que el Señor deja caer para ello, el chamán fabrica la caja de su tambor. Como el tambor está sacado de la propia madera del Árbol Cósmico, el chamán, al percutirlo, es proyectado mágicamente cerca de ese Árbol: es lanzado al Centro del Mundo y, por el mismo impulso, puede ascender a los Cielos.»[16] De esta manera, el tambor se equipara con el árbol sagrado de varios escalones –en algunas comunidades se utiliza un álamo–, por el cual el chamán asciende simbólicamente al Cielo: «Trepando por el álamo o percutiendo el tambor —dice Eliade—, el chamán se aproxima al Árbol del Mundo y luego sube efectivamente a él.»[17]

Según afirma Michael Harner, «en un noventa por ciento de las culturas del mundo, aproximadamente, los estados alterados de conciencia usados en las ceremonias chamánicas se logran mediante un sonido reiterativo de percusión, que la mayoría de las veces se obtiene mediante tambores, pero también con palos, sonajeros u otros instrumentos. Sólo en el diez por ciento de las culturas los chamanes apelan a plantas maestras o drogas psicodélicas. El uso chamánico de los tambores es universal».[18] Aunque estos porcentajes parecen un tanto exagerados, al menos sirven para aclarar que no todos los chamanes utilizan enteógenos para realizar sus viajes extáticos.

En muchos grupos indígenas –hoy ya no es tan frecuente–, los chamanes se visten con pieles de animales o plumas de aves, cen-

---

16 Eliade, Mircea, ob. cit.
17 Eliade, Mircea, ob. cit.
18 Harner, Michael, "Chamanes sin fronteras", en *Uno Mismo* N° 217, Agedit, Buenos Aires, 2001.

cerros, sonajas, campanillas y toda clase de *varas mágicas*. Al inducir su trance, el especialista en las técnicas del éxtasis toca el tambor y convoca a sus auxiliares. Para tal fin, utiliza un lenguaje secreto que aprendió durante su iniciación: grita como los animales o imita el canto de los pájaros. Según Eliade, la imitación de los gestos y la voz de los animales implica una posesión, por parte del chamán, de los espíritus auxiliares; al hacerlo, adquiere una nueva identidad: se convierte en animal-espíritu y habla, canta o vuela como un animal o un ave. «En muchas tradiciones —asegura Eliade—, la amistad con los animales y la comprensión de su lengua constituyen síndromes paradisíacos. En el principio, o sea en los tiempos míticos, el hombre vivía en paz con los animales y entendía su lengua. Sólo después de una catástrofe primordial, comparable a la Caída de la tradición bíblica, el hombre se volvió lo que es hoy: mortal, sexuado, obligado a trabajar para alimentarse y en conflicto con los animales.»[19]

Así las cosas, al prepararse para el éxtasis, y durante este, el chamán reencontraría, provisoriamente, la condición humana original: «La amistad con los animales, el conocimiento de su lengua y la transformación en animal son otros tantos signos de que el chamán ha reintegrado la situación *paradisíaca* perdida en el albor de los tiempos»,[20] concluye el investigador rumano.

---

19 Eliade, Mircea, ob. cit.
20 Eliade, Mircea, ob. cit.

Capítulo II

EN EL COMIENZO FUE SIBERIA

Los viajeros que se internaron en Siberia durante el siglo XVIII calificaron a los chamanes como "impostores y charlatanes". Tuvo que pasar algún tiempo para que se empezara a reconocer la autenticidad de sus actividades. Ferdinand von Wrangel, en 1820, decía que el chamán, «en el estado culminante del éxtasis... no quiere engañar: lo que pasa en él es consecuencia de la influencia involuntaria e irresistible de su imaginación sobrexcitada. Un chamán verdadero es un fenómeno psicológico muy notable. Cada vez que vi a chamanes en su trabajo, me han dejado una impresión sombría que tarda tiempo en borrarse. La mirada embrujada, los ojos sangrientos, la voz ronca –que parecía salir con esfuerzo supremo de un pecho agitado con movimientos espasmódicos–, el trastorno insólito, las convulsiones de la cara y el cuerpo, los cabellos erizados, los sonidos graves del tambor mágico, todo esto da a la sesión un clima horrible, misterioso, que me acometió cada vez de un modo extraño».[21]

Para Mircea Eliade, el chamanismo es, por excelencia, un fenómeno siberiano y centroasiático. En tanto maestro del éxtasis, el chamán es el eje de la vida mágico-religiosa de las comunidades aborígenes de esa región, lo cual no significa que centralice toda la relación con lo sagrado: en muchos grupos coexiste con el sacerdote y, además, cada jefe de familia dirige el culto doméstico.

---

21 Roger, Juan, *Caracteres generales y análisis del chamanismo,* Publicaciones de la Revista de Antropología y Etnología, Madrid, 1951.

El papel del chamán de esa zona es básicamente el de médico y guerrero: realiza el diagnóstico, busca el alma del doliente, la captura y la reintegra al cuerpo. Acompañado por sus entes auxiliares, es el único ser humano que puede incursionar en el reino de los espíritus.

Según Eliade, en el extremo norte de Asia el rol del chamán crece en relevancia: anticipa los cambios atmosféricos, es clarividente, y se supone que ve a gran distancia y puede orientar la caza. En ocasiones, se lo consulta para ubicar a personas, objetos o animales extraviados en la nieve, por ejemplo. Pero su principal función es la curación.

Aunque los pueblos del centro-norte de Asia tienen miradas distintas acerca del origen de las enfermedades, señalan como causa principal el "rapto del alma": creen que la dolencia se enraíza en el extravío del alma y el remedio pasa por encontrarla, capturarla y devolverla al cuerpo del paciente. Otra causa del mal puede ser el ingreso de un objeto patógeno en el cuerpo del enfermo, o su posesión por espíritus malignos; ante tal diagnóstico, el chamán tendrá que extraer el elemento nocivo o *exorcizar los entes demoníacos*. Como sea, la curación depende siempre del restablecimiento del equilibrio entre las fuerzas espirituales, y sólo el chamán puede intentar tal tarea.

Estos grupos asiáticos creen que los chamanes ingresaron, desde hace tiempo, en un período de decadencia. «Se piensa que los primeros chamanes volaban sobre sus caballos por las nubes y hacían milagros que sus descendientes actuales no pueden repetir», afirma Eliade.[22] Ciertas leyendas atribuyen la decadencia al orgullo del Primer Chamán, que se atrevió a competir con Dios.

El dedo de Dios

La versión de los buriatos, una comunidad de origen mongol, es exquisita: «El primer chamán, Khara-Gyrgän, declaró que su poder era ilimitado, y Dios quiso ponerlo a prueba. Para ello, tomó el alma de una muchacha y la metió en una botella. Para estar seguro de que su alma no se escaparía, tapó la botella con un dedo. El chamán voló a los Cielos sentado en su tamboril, vio el alma de la muchacha y, para libertarla, se transformó en una araña amarilla y picó a Dios en la cara. Este apartó el dedo de la botella y el alma de la muchacha pudo escapar. Dios, furioso, limitó el poder de Khara-Gyrgän, y desde entonces los poderes mágicos de los chamanes disminuyeron sensiblemente».[23]

Aun cuando presentan diferencias étnicas y lingüísticas importantes, las creencias religiosas de los pueblos árticos, siberianos y del Asia central se asemejan. «Los chukchi, tunguses, samoyedos o turco-tártaros conocen y veneran a un Gran Dios celeste, creador y todopoderoso —explica Eliade—. Este Dios que habita el Cielo superior tiene muchos *hijos* o *mensajeros*, que ocupan los cielos inferiores. Su número y nombres varían de una tribu a otra: se habla generalmente de siete o nueve hijos o hijas, con los cuales el chamán mantiene relaciones. Estos hijos o mensajeros deben velar por los humanos y ayudarlos. En ocasiones, el panteón

---

22 Eliade, Mircea, ob. cit.
23 Fliade, Mircea, ob. cit.

es más numeroso, como entre los buriatos, los yakutes y los mongoles.»[24]

Tanto en Siberia como en el noreste de Asia, los chamanes se reclutan mediante la transmisión hereditaria y el *llamado* o *elección*. Los novicios deben sortear pruebas de iniciación y recibir una preparación bastante compleja. «Sólo esta doble iniciación —extática y tradicional— convierte a un neurótico fortuito en un chamán reconocido por la sociedad»,[25] asegura Mircea Eliade.

Por lo común, el futuro chamán es elegido mediante el encuentro con una entidad sobrenatural que se le aparece en sueños y le anuncia que fue *seleccionado*. A veces, son las almas de los chamanes muertos las que traen la noticia. Para Eliade, sin embargo, estos antepasados no son sino los descendientes del Primer Chamán mítico, creado directamente por el Ser Supremo; con lo cual «la vocación chamánica decidida por las almas de los antepasados no sería otra cosa que la transmisión de un mensaje sobrenatural heredado de un tiempo mítico».[26]

La elección del chamán involucra un viaje extático durante el cual se supone que el candidato es torturado, despedazado y muerto, para resucitar más tarde. «Esta muerte y resurrección iniciáticas consagran al novicio; posteriormente, la instrucción por parte de los espíritus y los chamanes ancianos completan esta primera consagración», dice Eliade. Y conclu-

---

24 Eliade, Mircea, ob. cit.
25 Eliade, Mircea, ob. cit.
26 Eliade, Mircea, ob. cit.

ye: «La iniciación propiamente dicha consiste en un viaje triunfal al Cielo».[27]

El investigador rumano rescata un relato de A. A. Popov, a propósito del sueño iniciático de un chamán de los avam-samoyedos: «Enfermo de viruela, permaneció inconsciente, casi muerto, durante tres días, hasta el punto de que el último día se disponían a enterrarlo. En ese tiempo sobrevino su iniciación. Recuerda que lo llevaron al centro de un mar. Allí oyó la voz de la Enfermedad (de la viruela) que le decía: "Recibirás de los Señores del Agua el don del chamanismo. Tu nombre de chamán será Huottarie (Buzo)". Enseguida, la Enfermedad enturbió el agua del mar. Él llegó a tierra y escaló una montaña. Allí se topó con una mujer desnuda y empezó a mamar de su pecho. La mujer, que era probablemente la Dama del Mar, le dijo: "Eres mi hijo; por eso te dejo que mames en mis pechos. Tropezarás con grandes dificultades y te fatigarás muchísimo". El marido de la Dama del Agua, el Señor del Infierno, al instante le facilitó dos guías, un armiño y un ratón, para que lo condujeran al Infierno. Llegados a un lugar muy elevado, sus guías le mostraron siete tiendas con los techos desgarrados. Se introdujo en la primera y encontró a los habitantes del Infierno y a los hombres de la gran Enfermedad (la viruela). Estos le arrancaron el corazón y lo echaron en una marmita. En las demás tiendas conoció al Señor de la Locura, a los señores de todas las enfermedades nerviosas y a los malos chamanes. Así tuvo noticia de las diferentes enfermedades que torturan a los hombres.

---

27 Eliade, Mircea, ob. cit.

EMPEZÓ A VOLAR CON LAS AVES...

»Siempre precedido de sus guías, el candidato llegó después al país de las mujeres-chamanas, que le fortalecieron la garganta y la voz y lo llevaron a las orillas de los Nueve Mares. En medio de uno de ellos se hallaba una isla; en el centro de la isla, un álamo blanco se elevaba hasta el Cielo: era el Árbol del Señor de la Tierra. A su lado crecían nueve arbustos, antepasados de todas las plantas del globo. El Árbol estaba rodeado por mares y en cada uno nadaba una especie de ave con sus polluelos. El candidato recorrió todos los mares; algunos eran salados, otros tan calientes que no podía acercarse a la costa. Luego levantó la cabeza y vio, en la copa del Árbol, hombres de muchas naciones: samoyedos, tavgy, rusos, dolganes, yakutes y tunguses. Oyó decir: "Se ha decidido que tengas un tamboril hecho con las ramas de este Árbol". Empezó a volar con las aves de los mares. Como se alejaba de la costa, el Señor del Árbol le gritó: "Mi rama acaba de caer; tómala y hazte con ella un tambor, que te durará mientras vivas". Esta rama estaba subdividida en tres, y el Señor del Árbol le mandó que se hiciera tres tambores: uno para cuidar de las recién paridas, otro para curar a los enfermos y el último para localizar a los hombres perdidos en la nieve. Tomando fuertemente la rama, el candidato se disponía a volar de nuevo, cuando oyó una voz humana que le reveló las virtudes medicinales de las siete plantas y lo instruyó en el arte del chamanismo.

»Enseguida, llegó a un mar sin fin, y allí encontró árboles y siete piedras. Estas últimas le hablaron una tras otra. La primera tenía unos dientes como los del oso y una cavidad en forma de ca-

nasta, y le dijo que era la piedra-presa de la Tierra, y que sujeta-
ba con su peso los campos, para que no se los llevara el viento. La
segunda servía para fundir el hierro. Permaneció siete días junto
a esas piedras y aprendió en qué pueden ser útiles a los hombres.

»Los guías lo condujeron luego a una montaña alta y redon-
deada. Vio ante él una abertura y penetró en una caverna muy ilu-
minada, cubierta de espejos, en la que se distinguía algo que parecía una hoguera. Vio a dos mujeres desnudas, pero cubiertas de
pelos, como renos. Observó después que la luz entraba de lo alto
por una abertura. Una de las mujeres le anunció que estaba pre-
ñada y que pariría dos renos: uno sería el animal de los sacrificios
de los dolganes y de los evenkes, y el otro el de los tavgy. Le en-
tregó un pelo, que sería para él precioso cuando fuese llamado a
ejercer su oficio en relación con estos animales. La otra mujer
también pariría dos renos, símbolos de los animales que ayudan
al hombre en todos sus trabajos y que les sirven de alimento. Esta mujer le dio, asimismo, un pelo; cuando este chamán ejerce su
oficio se dirige, en espíritu, a esa caverna.

»Enseguida, el candidato llegó a un desierto y distinguió a lo
lejos una montaña. Le tomó tres días llegar: al hacerlo entró por
una abertura y se encontró con un hombre desnudo que trabaja-
ba con un fuelle. Al fuego había una caldera "tan grande como la
mitad de la Tierra". El hombre lo vio y lo agarró con unas tenazas
enormes. El novicio apenas tuvo tiempo de pensar "¡soy muerto!".
El hombre le cortó la cabeza, le descuartizó el cuerpo y lo echó
en la caldera. Estuvo cociéndolo durante tres años. Había allí tres
yunques y el hombre forjó su cabeza en el tercero, que es donde

se hacían los mejores chamanes. Echó enseguida la cabeza en una de las tres marmitas que había allí (la que contenía el agua más fría). Le reveló entonces que, llamado a cuidar a alguien, si el agua estaba demasiado caliente era inútil practicar el chamanismo, porque el caso estaba perdido; si el agua estaba tibia, el hombre se hallaba enfermo, pero sanaría. El agua fría era característica de un hombre sano.

»Luego, el herrero sacó del agua sus huesos, que flotaban en un río, los reunió y los cubrió de carne. Después le forjó la cabeza y le cambió los ojos (por eso, cuando practica el chamanismo, no ve con sus ojos carnales, sino con los ojos místicos); le perforó los oídos, y así lo hizo capaz de comprender el lenguaje de las plantas. Enseguida el candidato se encontró en la cima de una montaña y, por último, despertó en la yurte, junto a los suyos. Ahora puede cantar y consagrarse al chamanismo, indefinidamente, sin cansarse nunca».

En su análisis de este relato, Eliade destaca que, tras el éxtasis iniciático, aparecen ciertos motivos ejemplares: el candidato encuentra figuras divinas (la Dama de las Aguas, el Señor de los Infiernos), antes de ser conducido por sus guías-animales al Centro del Mundo, en la cima de la Montaña Cósmica, donde están el Árbol del Mundo y el Señor Universal; recibe del Árbol Cósmico y del propio Señor madera para construirse un tambor; unos seres semidemoníacos le revelan la condición y el tratamiento de todas las enfermedades y, por último, otros seres le cortan el cuerpo en pedazos que ponen a cocer y sustituyen algunos de sus órganos por otros mejores. Para Eliade, el conjunto constituye una variante del tema universal de la muerte y la resurrección mística del candidato por medio de un descenso a los Infiernos y una ascensión al Cielo.

Otros pueblos siberianos, como los tunguses y buriatos, presentan un esquema de iniciación similar.

EL CHAMÁN ENTRE LOS BURIATOS

Según el especialista Lawrence Krader, el chamán buriato sólo puede funcionar como tal si es considerado un chamán en potencia por sus contemporáneos: «En tal caso su grupo se hace cargo de costearle el entrenamiento y el ritual para convertirse en chamán, la indumentaria (sombrero, capa y botas), el tambor y otros implementos. Además, se encarga de mantener el equipamiento de su choza para que pueda desempeñar las funciones sociales que se esperan de él».[28]

Krader estudió el desarrollo del chamanismo buriato entre el siglo XVII y comienzos del XX. Desde su óptica, «el chamán buriato es a la vez odiado y necesitado; la sociedad lo detesta pero lo precisa para el mantenimiento de su relación con su propio pasado y con su entorno natural».[29] Antes del siglo XVII, los buriatos obtenían su medio de subsistencia a través de la caza comunal, dirigida por el chamán, que servía a la vez como líder profano y guía espiritual. «El chamán representa, por lo tanto, una relación económica y social que ya no existe en

---

28 Krader, Lawrence, "The Shamanist Tradition of the Buryats" (Siberia), en *Anthropos*, v. 70, N° 1 / 2, St. Augustin, 1975.
29 Krader, Lawrence, ob. cit.

sustancia, pero que todavía se mantiene en rituales»,[30] dice Krader.

El chamán buriato funcionaba como sanador y adivino, presidiendo las ceremonias, al tiempo que vivía en estado de tensión con los miembros del grupo social, con otros chamanes y especialistas de lo sagrado (brujas y chamanes negros). Entre los buriatos, existían dos clases de chamanes: los que presidían los ritos de los grandes grupos sociales —la tribu, las confederaciones de tribus y los linajes superiores— y los que dirigían los ritos de la familia o comunidad. Las ceremonias referidas a las grandes unidades sociales estaban relacionadas con el mantenimiento del ganado —la principal fuente de subsistencia de los buriatos en ese momento— y con los conflictos sociales de esos pueblos entre sí o con otros grupos. Las de menor relevancia tenían que ver con la vida diaria de los miembros de la comunidad, con la enfermedad y muerte de los individuos.

Si en el pasado el chamán hacía las veces de líder religioso y expresaba las leyes universales y sociales, en el período que estudió Krader, su rol como sostén del orden cósmico y moral era más limitado. Los rituales de las grandes unidades sociales, que él conducía, ya no tenían gran importancia, ya que los buriatos habían sido comprendidos en una unidad política mucho mayor: el imperio ruso, y se habían asentado en casas de madera, en pueblos sedentarios, y realizado la transición del nomadismo pastoril a la agricultura.

---

30 Krader, Lawrence, ob. cit.

El chamán buriato combinaba las funciones de hechicero, médico y sacerdote, era visionario y místico. Mediaba entre los hombres y los espíritus; especialista en la medicina tradicional, mantenía la filosofía chamanista y sostenía las tradiciones del grupo. Además, bendecía el inicio de cualquier emprendimiento, exorcizaba los espíritus que causaban las enfermedades y protegía los rebaños.

Tanto los chamanes como las chamanas se dividían en blancos y negros. Los blancos servían a las deidades del oeste y era bondadosos; los negros servían a los dioses del este y eran dañinos para el hombre. Los primeros intermediaban ante los espíritus en nombre del bienestar humano; los segundos procuraban su infortunio. A los blancos se les atribuía una orientación hacia el mundo de los cielos (del oeste) y hacia el atardecer; a los negros, hacia el mundo subterráneo y hacia el amanecer. Estos chamanes peleaban a favor o en contra de los seres humanos y su destino, a favor o en contra de los espíritus, y también entre sí.

Entre los buriatos, había varias maneras de convertirse en chamán. La más importante era la posesión de (y por) un espíritu de un chamán ancestral, llamado *utxa*. El candidato tenía sueños, sufría convulsiones y se desmayaba. Su utxa le solicita que se convirtiese en chamán, continuando el trabajo del linaje chamánico. El novicio se tornaba nervioso y tenía alucinaciones. Muchos se convertían en chamanes de mala gana, y se volvían enfermizos y tímidos.

Mediante sus ritos, el chamán buriato procuraba manipular las fuerzas de la naturaleza para curar y adivinar, pero si extendía sus tareas a los asuntos del pequeño grupo social, era odiado y temido. Según Krader, la cosmología de los buriatos reflejaba la dificultad de adaptación al entorno, las enfermedades, privaciones y muertes tempranas que sufrieron estos grupos. «La ideología chamanista fue su modo de llegar a una explicación racional de su dolor físico y mental por la pérdida de seres cercanos»,[31] dice el investigador.

El chamanismo buriato recibió gran consideración en comparación con el practicado por otros grupos, ubicados al sudoeste o al noreste. De hecho, se supone que los tunguses tomaron algunos elementos de él. Para Krader, sin embargo, «el chamanismo de los buriatos que vivieron al oeste y al norte del lago Baikal es hoy cosa del pasado: el último chamán consagrado murió en 1964 a los ochenta años de edad».[32]

UNA CEREMONIA TUNGÚS

El chamán de los grupos tunguses, pueblos que habitaron desde el océano Pacífico hasta el océano Glacial Ártico, tiene como tarea principal la curación de enfermedades, la celebración de ritos de caza y pesca y el mantenimiento del equilibrio espiritual de la comunidad. Toda dolencia, muerte u ofrenda a los dioses da lugar a una sesión chamánica; además, estos grupos realizan *pequeñas sesiones* para conocer y controlar las entidades espirituales.

La danza y el canto son los medios más usados para conseguir el éxtasis entre los chamanes de estas comunidades. Según Eliade, las sesiones que exigen un descenso a los Infiernos se realizan con

---

31 Krader, Lawrence, ob. cit.
32 Krader, Lawrence, ob. cit.

el objeto de llevar sacrificios a los antepasados y a los difuntos de las regiones inferiores, rastrear el alma de un enfermo o acompañar a los muertos al País de las Sombras. La ceremonia –llamada *örgiski*– es peligrosa, y muchos chamanes temen realizarla. Antes de emprenderla, siempre se propone una sesión de *pequeño chamanismo*, durante la cual el chamán identifica la causa de la desgracia o la enfermedad y reconoce el sacrificio que podría tranquilizar a los espíritus que la ocasionaron. Recién entonces se decide el viaje al Inframundo para efectuar la ofrenda.

«Un día antes del örgiski –relata Eliade– se reúnen los objetos que servirán al chamán en su viaje extático; entre ellos hay una pequeña balsa en la que el chamán atravesará el mar (el lago Baikal), una lanza para romper los escollos, y diminutos objetos que representan dos osos y dos jabalíes que sostendrán la balsa en caso de naufragio y abrirán un camino a través de la selva del más allá; también hay cuatro pececillos que nadarán delante de la balsa, un *ídolo* que representa el espíritu auxiliar del chamán y diferentes instrumentos de purificación. La noche de la sesión, el chamán se pone su indumento, toca el tambor, canta e invoca al fuego, la Tierra Madre y los antepasados, a los cuales se ofrece el sacrificio. Después de los sahumerios se procede a la adivinación: con los ojos cerrados, el chamán tira al aire el palo de su tambor; si cae a tierra invertido es una buena señal.

»La segunda parte comienza con el sacrificio del animal, por lo común, un reno. Se embadurnan con su sangre los objetos expuestos; la carne se guisará después. Se introducen en la *wigwan* –choza cónica hecha de corteza de madera– unas estacas: un hilo largo enlaza las estacas con los objetos expuestos, afuera, en la plataforma; es el *camino* para los espíritus. Tomadas estas disposiciones, los asistentes se reúnen en la wigwan. El chamán empieza a tocar el tambor, a cantar y danzar. Brinca en el aire, cada vez más alto. Sus ayudantes repiten, a coro con los espectadores, el estribillo del canto. Se detiene un instante, bebe un vaso de vodka, fuma algunas pipas y vuelve a bailar. Se exalta poco a poco, hasta que cae al suelo, exánime, en éxtasis. Si no recobra el sentido, se lo rocía tres veces con sangre: se levanta y comienza a hablar con voz aguda, respondiendo a las preguntas cantadas que le dirigen dos o tres personas. El cuerpo del chamán está habitado ahora por un espíritu que responde en su lugar, porque el chamán se encuentra en las regiones inferiores; cuando vuelve, todos saludan con gritos de júbilo su retorno del mundo de los muertos.

»Esta segunda parte de la ceremonia dura alrededor de dos horas. Tras una interrupción, al amanecer, empieza la última fase, similar a la primera, durante la cual el chamán agradece a los espíritus.»[33]

La tarea de sanación también puede reclamar un ascenso del chamán tungús al Cielo. En ocasiones, este especialista realiza ceremonias para alejar a los espíritus malignos de este mundo, o congraciarse con los que podrían volverse hostiles.

---

33 Eliade, Mircea, ob. cit.

LA INDUMENTARIA SIBERIANA

Los chamanes siberianos se visten con una suerte de túnica de la cual penden discos de hierro y figuras que representan animales míticos. Eliade dice que algunos usan máscaras (aunque ya no es tan frecuente) y una pechera de metal, además de un gorro. Varias tribus consideran al gorro el ingrediente central del vestido chamánico: se supone que una gran parte del poder del maestro del éxtasis yace oculto en él. El gorro suele representar los cuernos de un reno o de un ciervo, aunque el de los samoyedos y altaicos, por ejemplo, lleva plumas de aves.

Como explica el especialista rumano, «la indumentaria sirve para dotar al chamán de un nuevo cuerpo *mágico*, en forma de animal, especialmente de ave, reno y oso» (téngase en cuenta que casi todos los espíritus auxiliares de los chamanes siberianos y altaicos adoptan formas de animales, pero también de fantasmas, de espíritus de los bosques y de la tierra). «Entre los tunguses, el traje de ave es indispensable para realizar el vuelo hacia el otro mundo (se supone que el águila es el padre del Primer Chamán y desempeña un papel importante en su iniciación)».[34]

Recientemente, varios viajeros e investigadores relataron sus encuentros con chamanes siberianos. En 1988, Víctor Semenov y Dimitri Nesanelis convivieron con los nenet, un grupo nómade que cría renos. En una oportunidad, fueron al bosque para escuchar el discurso de un chamán durante un ritual en el cual ingiere un hongo (*amanitas matamoscas*). Estos discursos sólo de-

---

34 Eliade, Mircea, ob. cit.

ben ser recitados por iniciados, y son absolutamente necesarios para comer esos hongos, ya que una persona común puede quedar anclada para siempre en el otro mundo. Al parecer, la ingestión de los hongos permite a los chamanes tener visiones del futuro, adquiridas en el más allá.

Al iniciar la sesión, el chamán hizo una suerte de representación de su transformación en amanita: se paró sobre un pie y tocaba el suelo cada tanto con el palo de su tambor, como para recibir la energía de la tierra. Y dijo lo siguiente: «Enarbolamos los colores de la tierra, somos amanitas parados sobre un pie, y tú, madre tierra, nos comunicas la energía del fuego. Los hongos se mantienen en un pie, y nosotros, en esta frágil vida, también nos mantenemos sobre un pie. Superaremos este año por la danza». Según el editor francés Vincent Bardet, en este caso «el hongo aparece en el lugar del Árbol Cósmico, gracias al cual el chamán puede acceder al otro mundo; de hecho, él mismo se convierte en una amanita y obtiene por este medio las informaciones sagradas de las fuerzas subterráneas».[35]

Phil Borges, un fotógrafo que se dedicó a retratar chamanes de todas partes del mundo durante la década de 1990, relató de este modo sus encuentros con Amma, una chamana bulava de ochenta y nueve años. «Cuando la contacté, acababa de terminar un ritual de los ulchi llamado *kasa* para una vecina que había muerto. Se quedó junto al cadáver tres días y tres noches mientras guiaba el alma de la difunta hasta el otro mundo, llamado *la aldea Buni*. Me

---

35 Bardet, Vincent, "Chamanes siberianos", en *Uno Mismo* N° 205, Agedit, Buenos Aires, 2000.

dijo que el kasa era muy peligroso, pues el viaje a la aldea Buni podía costarle la vida. Amma se volvió chamán a una edad avanzada. Me confesó que había resistido el llamado durante muchos años, porque la vida de un chamán es muy dura. "No es una profesión como las que se aprenden en las universidades", me dijo. "Es un llamado que uno recibe de los espíritus de la naturaleza".»[36]

El fotógrafo también se contactó con Indica, una chamana de noventa y tres años del pueblo ulchi, en Siberia, considerada la más potente de los tres chamanes que quedaban en ese pueblo. «En los últimos años, su fama había trascendido e iba a verla gente que viajaba centenares de kilómetros para tratar sus problemas de salud. Es pequeña y en apariencia frágil», cuenta Borges. Y continúa: «Unas cuatro semanas antes de mi visita, su único hijo había muerto en el río, en un accidente con un bote. Le pidió a Lindsa, una chamana de los nanai, que ayudase al alma de su hijo a llegar a la aldea Buni, ya que ella no tenía energía suficiente como para hacerlo. Lindsa murió tres semanas después de mi visita.»[37]

Según Vincent Bardet, en la actualidad el chamanismo siberiano está asociado a las ideas de psicoterapia, de percepciones extrasensoriales y de campos bioenergéticos. «Anteriormente, la Iglesia y el Partido Comunista no habrían tolerado estos discursos –dice Bardet–. Las persecuciones antichamánicas durante la sovietización de Siberia tuvieron su apogeo en la Guerra del Ateísmo (1928-1930) y la campaña de colectivización. Todas las vestimen-

---

36 Borges, Phil, "Mediadores espirituales", en *Uno Mismo* N° 222, Agedit, Buenos Aires, 2001.
37 Borges, Phil, art. cit.

tas chamánicas fueron quemadas, los chamanes, humillados públicamente, e incluso ahogados, a partir de denuncias de los niños en las escuelas. Además, los nombres de los lugares fueron *deschamanizados*. Sin embargo, la memoria del chamanismo perduró en la conciencia popular. El chamanismo blanco, en contacto con los espíritus celestiales, se encuentra hoy rehabilitado como un sistema ritual y religioso de cuyo destino depende el bienestar de la tribu.»[38]

---

38 Bardet, Vincent, art. cit.

CAPÍTULO III

LUCES Y SOMBRAS DEL CHAMANISMO NORTEAMERICANO

Si bien en muchas tribus norteamericanas el chamanismo es una parte central de la vida religiosa, existen, además del chamán, otros personajes que lidian con lo sagrado, como el sacerdote y el hechicero. Casi todos los indígenas procuran obtener poderes sobrenaturales, y de hecho algunos consiguen hacerse de algún espíritu aliado, pero como señala Mircea Eliade, «únicamente el chamán dispone de una técnica que le permite emprender viajes extáticos siempre que lo desea».[39]

En estas tribus, la tarea fundamental del maestro del éxtasis es la curación de enfermedades del cuerpo y del alma, aunque también tiene un papel relevante en los ritos relacionados con la caza, entre otros. Los chamanes norteamericanos se dicen capaces de producir cambios climáticos (atraer la lluvia, por ejemplo) y de anticipar sucesos; también protegen a los hombres de su comunidad de los hechiceros con malas artes.

Cuando se lo convoca, el chamán intenta descubrir la causa de la enfermedad. Al igual que en otras latitudes, distingue dos tipos de males: los causados por el ingreso de un objeto nocivo en el cuerpo, y los que se originan en el extravío del alma. «El alma puede perderse a raíz de sueños que provocan su partida –apunta Eliade– o por la acción de muertos que no se deciden a dirigirse al País de las Sombras y vagan por los campos, tratando de llevar

---

39 Eliade, Mircea, ob. cit.

con ellos a otra alma.»[40] Los objetos patógenos, por su parte, son lanzados por hechiceros, aunque también pueden ser enviados por los espíritus, que en ocasiones se instalan en el cuerpo del doliente. Una vez detectado el origen de la enfermedad, el chamán chupa el objeto que la provocó (succionando directamente sobre la piel o por medio de un hueso o un tubo de madera).

El hábito de estos chamanes incluye plumas de águila o de otras aves, una suerte de sonajero o tamboril, bolsas con piedras, cristales y otros implementos. Según Eliade, la pluma de águila simboliza el vuelo mágico, y tiene un lugar central en la cura chamánica norteamericana.

En su estudio sobre el chamanismo paviotso (realizado en la zona de Nevada),[41] Williard Park asegura que el poder del chamán proviene de sueños, se recibe en herencia o mediante visiones. El candidato tiene repetidos sueños donde se le aparecen animales que le indican que tiene que ser "doctor". Si no presta atención al aviso, corre riesgo de muerte. El chamán recibe su poder de un espíritu, que le ayuda a efectuar diagnósticos y a recetar los remedios: este espíritu lo visita en sueños para enseñarle nuevas canciones curativas o darle instrucciones para sanar a un enfermo.

En el territorio paviotso, hay cuevas donde se busca el poder chamánico; se supone que el novicio pasa una noche allí y tiene una visión que le indica lo que debe hacer para transformarse en

---

40 Eliade, Mircea, ob. cit.
41 Park, Willard, "Pavistso Shamanism", *American Anthropologist,* N.S., 1934. Citado por Roger, Juan, en ob. cit.

chamán. La experiencia de un indio del oeste de Nevada, citada por Park, es ilustrativa al respecto: «Cuando era joven tenía sueños durante los cuales curaba a la gente. Nunca los tomé muy en serio. Mi tío era un médico indio: él supo lo que me iba a ocurrir. Finalmente, me decidí a ir a una cueva cerca de Dayton. Por entonces tenía cincuenta años. Mi tío no me dijo que fuese allí: lo decidí por mí mismo.

»Fui a la cueva al amanecer. En cuanto entré, rogué y pedí el poder de curar enfermedades. Dije: "Mi pueblo está enfermo. Quiero que me ayudes a salvarlo. Cuando todos hayan muerto, dame el poder de retornar sus almas perdidas". Dije esto al espíritu de la cueva (no es ninguna persona, aparece con la oscuridad).

»Después intenté dormir. Era duro dormir allí, oía toda clase de ruidos y animales. Había osos, leones de las montañas y ciervos: todos vivían en cuevas montañosas. Luego oí a unas personas que realizaban una curación: estaban abajo, al pie de la montaña, podía oír sus voces y sus cantos. Entonces oí gemir al paciente. Un médico estaba cantando y curándolo, y una mujer bailaba, con una planta de artemisa en la mano: daba vueltas en torno del fuego saltando y exclamando "ah, ah, ah". El chamán roció al paciente con agua, valiéndose de la artemisa. El baile y la canción se prolongaron mucho tiempo. Después cesó el cántico. El paciente había muerto y la gente se puso a gritar.

»Más tarde, la roca donde estaba durmiendo yo comenzó a resquebrajarse como el hielo cuando se rompe. En la grieta apareció un hombre. Era alto y delgado. En su mano llevaba las plumas de la cola de un águila. Me dijo: "Tú estás aquí. Has pronunciado las palabras adecuadas. Debes hacer lo que yo te diga, si no, sufrirás un contratiempo. Cuando seas médico seguirás las instrucciones que te den los animales; ellos te dirán cómo debes curar las enfermedades. Debes conseguir plumas como esta que tengo en la mano. Busca cuentas oscuras, ponlas en el cañón de las plumas y ata una tira de piel a los cañones; busca también una pezuña de ciervo y un plumón de águila. Con estos elementos puedes ir a curar a la gente; estas serán tus armas contra la enfermedad. Debes conseguir tres rollos de tabaco: puedes emplearlos para decir a tus pacientes qué los enfermó y después curarlos. El tabaco te ayudará si te atragantas con bocanadas de saliva cuando extraigas, chupando, la enfermedad. Con ello comenzarás a ser médico. Cuando lo seas, tendrás tus canciones".

»Luego me desperté. Era de día. Miré a mi alrededor y no vi a nadie. El hombre había desaparecido y no se veían trazas de animales ni de gente. Entonces, hice lo que había ordenado el espíritu y esperé a convertirme en médico. Al cabo de unos seis años, había recibido la instrucción suficiente para comenzar a curar».[42]

La prueba inicial

En su trabajo sobre el pueblo kwakiutl –diversas tribus del Pacífico Norte que habitaban la zona costera desde el río Columbia hasta Alaska–, realizado a comienzos del siglo XX, el fotógrafo y etnólogo Edward Curtis cuenta que, en estos grupos, «los hechiceros causan la enfermedad y la muerte mediante magia secreta, y

---

42 Park, Williard, *Shamanism in Western North America*. Citado por Adamson Hoebel A. en *El hombre en el mundo primitivo*, Ediciones Omega, Barcelona, 1961.

casi siempre están ocupados al servicio de jefes que deseaban librarse de sus rivales. Los hombres medicina, o chamanes, expulsan o provocan la enfermedad mediante la aplicación directa de poder preternatural. Reciben el nombre de *pahála* (en plural, *pépahala*). Provocando la enfermedad por medio de la magia, el chamán simula lanzarla al cuerpo lejano del enemigo; en ese caso, recibe el nombre de *mámaka*, o "lanzador"».[43]

Según señala Curtis, a los chamanes y hechiceros «los mueve el afán de lucro, el deseo de gloria y respeto, aunque indudablemente confían bastante en la potencia real de sus hechizos. El pahála recibe el poder sobrenatural de algún espíritu que se le apareció o le habló mientras yacía supuestamente muerto por alguna catástrofe, o mientras lo buscaba en el bosque o la montaña. Sin embargo, sólo llega a adquirir este poder quien se concentra en la idea de ser pahála. El poder del chamán se llama *tlígwi* ("tesoro") o *náwalaq* ("magia"), y el acto de adquirirlo es *tlígwala* ("encontrar un tesoro"). Curtis sostiene que «este poder sobrenatural es concedido por los espíritus de algunos animales, objetos inanimados y otros seres espirituales. En el mar están las orcas, el ouchalon y el salmón plateado. En la tierra están el lobo, el sapo y el ratón. También hay *náwalakwus* ("magia de la tierra"), que yace en las proximidades de los abetos; *núnwalaqí'kilis* ("magia ribereña"), que se obtiene de un espíritu que emite un sonido silbante junto a los ríos; y *náhnawalaga* ("magia de las rocas"), que se debe a un espíritu al que se oye como un sonido gutural y silbante cuando la marea cu-

---

43 Curtis, Edward, "Chamanes y deidades", en *El indio norteamericano,* v. x, La Pipa Sagrada, Barcelona, 1994.

bre las rocas. El poder de un pahála –completa Curtis–, siempre máximo al principio, se debilita gradualmente, hasta que este vuelve a ser un hombre corriente».[44]

El intérprete mestizo George Hunt narró a Curtis sus experiencias con hechiceros y chamanes. El siguiente relato ilustra el modo de hacerse chamán: «Síwit, un nawiti fuerte, de edad madura, cayó enfermo y se consumió hasta quedarse casi en piel y huesos. Al fin pareció que había muerto. Tenía los miembros helados. Algunos aprobaron su entierro; pero un hombre lo miró fijamente a la cara y advirtió un músculo que se le crispaba bajo el ojo. Lo dejaron en una pequeña cabaña, donde permaneció dos noches y un día. La segunda mañana se puso a cantar entrecortadamente; por sus vagas palabras parecía que se le había aparecido un espíritu y que era pahála.

»Cuando recobró las fuerzas, se fue al bosque y estuvo allí muchos días. La gente lo oía cantar casi todo el tiempo, y los cancioneros escuchaban y aprendían las canciones. Dispusieron la casa de su padre, la limpiaron y prepararon combustible para encenderlo en cuanto llegara el nuevo pahála. Llegó muy despacio, hacia el anochecer, cantando y dando una vuelta cada pocos pasos. Los cancioneros no podían descifrar sus palabras: parecían de otro idioma.

»En cuanto Síwit apareció en la linde del bosque, todo el pueblo acudió a casa de su padre y recogieron sus bastones. Cuando llegó al final del pueblo, tocaron a ritmo rápido; luego, con inter-

---

44 Curtis, Edward, ob. cit.

valos de silencio, tocaron más despacio, tres veces. Él iba acercándose. Se encendió el fuego. No se oía el menor ruido en la casa. Si alguien quería estornudar o toser, se reprimía cuidadosamente, pues dicen que el espíritu que inspira a un pahála es como un salmón: huye espantado con la perturbación más leve. En cuanto Síwit llegó a la puerta, la gente tocó las tablas por cuarta vez y él entró con los ojos cerrados. Con sólo poner el pie dentro de la casa, cesó el repiqueteo y esperaron para oír lo que decía.

»Él señaló a una mujer y dijo:

»—Has estado con un hombre. ¡Vete!

»Y así fue señalando a hombres y mujeres, de aquí y allá, y los mandó afuera, porque no podría trabajar en presencia de impuros. Los jefes hacían que se obedecieran sus órdenes. Luego, Síwit dio una vuelta y dijo, señalando a un hombre:

»—Estás enfermo. Vas a sentarte apartado de los demás.

»Y acercándose a otro, lo miró fijamente a la cara y dijo:

»—Tengo que decírtelo: no tienes cura.

»Y siguió hasta localizar y separar a cuatro hombres enfermos. Entonces alguien gritó:

»—¡No le digas dónde está la enfermedad; déjalo averiguarlo!

»Esto significaba que el nuevo pahála tenía que ponerse a prueba. Pidió una sonaja, solicitó a la gente que tocara las tablas y alzándose tocó la sonaja y cantó, pero nadie sabía la letra de las canciones. Los cancioneros cantaron, siguiéndolo lo mejor que podían. Colocó un poco de fibra de corteza de cedro rojo en la parte del cuerpo que él decía que contenía la enfermedad y cuando la quitó, se alzó también la piel. La aguantó allí un rato y pareció que la piel se libraba de algo que la había estado atenazando. Luego quitó la enfermedad de la corteza y la alzó sujetándola en la palma de la mano, que volvió hacia abajo. Era como un gusano. Tras decir cuál era la enfermedad y cómo se había contraído, juntó las palmas de la mano, las separó y arrojó el objeto gusanesco. Hizo lo mismo con los otros tres pacientes, enseñando cada vez un objeto diferente.

»El pala, a continuación, dio una vuelta señalando uno tras otro y diciendo que sus espíritus se habían ido; y ellos le suplicaron que los encontrara, pues aquella era una noche gratis (cuando el pahála se pone a prueba, no recibe pago alguno). Cada vez que pasaba junto a uno de los incurables, parecía incapaz de contenerse y les dirigía palabras rudas como: "Ahora hablas, ¡pero eres hombre muerto!". En realidad, todas sus palabras eran crueles. Le dijo a una joven:

»—Tu espíritu se ha ido de viaje. —Y explicó al pueblo—: Cuando soñamos con un lugar lejano, nuestro espíritu está en ese lugar.

»Por orden suya, la madre de la chica llevó cuatro platos de sus mejores alimentos y algo de ropa y él los echó al fuego. Mandó a los cantores entonar una de sus canciones lo mejor que pudieran, mientras él bailaba, y al terminar la canción se quedó quieto y rezó pidiendo ayuda. Luego se quedó prestando atención:

»—¡Lo oigo! —dijo. Salió, volvió rápidamente con algo en la mano y mandó a la chica sentarse en una estera nueva. Le pasó la mano cerrada por la cabeza, sopló en ella y proclamó—: Tu espíritu ha vuelto.

»Entre los presentes había un joven que afirmaba que había vivido bajo el agua durante el tiempo en que había estado ausente consiguiendo su poder sobrenatural, y que poco antes de su regreso a la aldea se había presentado en un lugar cercano, chorreando, tras hacer que su voz pareciera sonar desde el agua. Síwit le dijo:

»—¡Eres falso! Simulas ser pahála para averiguar los secretos de los pépahala. Tu falsedad te matará. ¡No verás el próximo invierno!

»El joven salió de la estancia. Tres meses después enfermó y murió.»

Todo pahála recién iniciado debía sortear una prueba similar, a fin de demostrar su poder. «No escoge a sus enemigos señalándolos como impostores –dice Curtis–, sino que se atiene al resultado de la prueba, aun en el caso de que su propio hermano resulte ser un falso chamán. El pahála mete el náwalaq (su magia o poder) en el agua y cuando toca a otro pahála hace que su náwalaq se enfurezca y provoque una reacción súbita; en un falso pahála no provoca reacción, porque no hay náwalaq».[45]

Según revela Curtis, los chamanes kwakiutl solían actuar en connivencia, como una suerte de corporación: «Cuando enfermaba una persona muy rica, los pépahala se reunían. Se juntaban por categorías en lugares distintos, y los de segunda clase enviaban un mensajero a los de la primera para preguntar cuál sería el precio por tra-

---

45 Curtis, Edward, ob. cit.

tar al enfermo. Recibida la respuesta (en esos casos el precio solía ser de cien mantas), el mensajero informaba a los compañeros y acudía a los de tercera categoría con la orden. Cual fuera el chamán al que llamaba la familia del enfermo, el precio era siempre el mismo. Muchas veces se decidía del mismo modo qué clase de chamán atendería al enfermo. Si se llamaba a un pahála del tercer grupo, por ejemplo, este palpaba el cuerpo al paciente y decía:

»—No tengo poder para curar esto. Será mejor que llames a otro hombre. —Y daba el nombre de uno de segunda clase.

»Cuando llamaban a este, preguntaba al otro si había localizado la enfermedad y la respuesta era:

»—Sí, pero no tengo poder para extraerla.

»El recién llegado examinaba entonces al enfermo y si se había decidido previamente que el caso se reservaría a uno de los chamanes principales (como se hacía generalmente cuando la familia era rica y la enfermedad, grave), decía:

»—¡Esto es difícil! Tendrán que llamar a un pahála más poderoso.

»Y así, la familia se veía obligada a llamar al que había sido elegido para el caso. Cobraba el que trataba finalmente al enfermo, y no lo repartía con los demás. A los pobres se les permitía llamar a un chamán inferior y el pago de cada tratamiento era un plato grande y una manta adornada con botones de concha. El tratamiento se aplicaba por la noche durante tres o cuatro días».[46]

---

46 Curtis, Edward, ob. cit.

En su investigación sobre los indios cuervo del este de Montana, el antropólogo norteamericano Robert Lowie postula que «los poderosos chamanes no eran representantes oficiales de la religión actuando en bien de toda la comunidad, sino afortunados visionarios que, con pequeños grupos de seguidores, formaban diminutas unidades independientes, aunque unidas por una concepción del mundo en común».[47] De tal suerte, era frecuente que surgiesen conflictos provocados por discusiones públicas entre chamanes rivales, apoyándose cada uno en su espíritu auxiliar.

El mismo Lowie conoció a uno de los protagonistas de una pelea dramática: Gran Buey, un hombre a quien todos atribuían la hazaña de haber provocado la ceguera de su adversario. «Gran Buey había seducido a la mujer de uno de los miembros de la tribu –cuenta Lowie–, y el engañado pidió a Muslo Blanco que vengase la afrenta por medio de su poder sobrenatural, del que una roca sagrada era el símbolo principal, mientras que Gran Buey se acogía a la protección del trueno. La siguiente vez que Gran Buey salió en expedición de guerra fracasó porque el otro chamán había rezado en su contra. Durante cierto tiempo, cada brujo hizo fracasar las empresas del otro. Finalmente, Gran Buey maldijo a su rival y lo dejó ciego, pero Muslo Blanco replicó haciendo que Gran Buey perdiese a todos sus parientes consanguíneos, de forma que se viera obligado a vagar de un campamento a otro en su ancianidad.»[48] En estas contiendas, quienes de hecho se enfrentaban no eran los rivales humanos, «sino sus protectores

---

47 Lowie, Robert, *Religiones primitivas,* Alianza, Madrid, 1976.
48 Lowie, Robert, ob. cit.

sobrenaturales, que eran azuzados el uno contra el otro»,[49] destaca Lowie.

ESPÍRITUS JUGUETONES

Jaime de Angulo realizó un trabajo de campo entre los indios achumawi, el grupo más antiguo de la cultura de California-Gran Cuenca. En su texto, afirma que «el chamán no es sacerdote. Ante todo es médico. A su poder se lo denomina *damagomi*: esta es su medicina y su *veneno*».[50]

Un viejo chamán achumawi le contó a este *antropólogo amateur* que sus damagomi eran personajes muy humanos. «Mi mejor damagomi es Lawidza, el cuervo. Vive siempre en lo alto de la montaña. Desde ahí ve todo. Cuento con él más que con ningún otro. También está la serpiente que se hincha. Si quiero saber alguna cosa, los envío. Pronto regresan. Ellos han encontrado. Estoy a punto de cantar para un hombre que está enfermo. Los envié a buscar la pista, y aquí regresan. Y Lagarto, que también es mi damagomi, los molesta. Les dice: "¡Vámonos! Nuestro padre no llegará nunca a curar a este enfermo. Él está medio muerto". Jamás puedo descansar de Lagarto. Me hace bromas todo el tiempo, y se las hace a mis otros damagomi. Es un embustero. No hace más que extenderse sobre una roca al sol, y copular con ella durante todo del día. Pero por otra parte es él quien me cuenta todo lo que hay de verdaderamente serio para saber.

---

49 Lowie, Robert, ob. cit.
50 De Angulo, Jaime, "El shamanismo entre los ashumawi", de *La psychologie religieuse des achumawi*, en *Anthropos*, v. XXIII, 1928.

»A veces, estoy a punto de hacer una curación difícil. No sé qué tiene el enfermo. Busco, canto, mando a mis damagomi uno tras otro sobre las pistas. Regresan sin encontrar nada. Ellos están en el aire y tienen un conciliábulo. Yo les doy coraje; canto y canto mis mejores canciones. Entonces, aparece Lagarto y se enoja. Quiere irse. Les dice a los otros: "¡Vámonos! ¿Qué hacemos aquí? Este hombre va a morir. ¡Nuestro padre pierde su tiempo! Entonces Cuervo se molesta y lo amenaza con el dedo. "¿Quién te preguntó tu opinión? ¡Cállate y quédate tranquilo!"

»¡Oh! Mi lagarto es un mal niño, no es serio. Me hace decir tonterías mientras trabajo. Por ejemplo, me hace decir que el hombre va a sanar, y enseguida muere. Y esto me hace avergonzar delante de todos.»[51]

Como señala Jaime de Angulo, el chamanismo entre los achumawi es íntimo y personal. «Antes de conocer a los indios, yo me figuraba los ritos chamánicos como sesiones llenas de simbolismo, misterio e invocaciones sagradas, todo bañado en una actitud devota y respetuosa –apunta el investigador–. Pero no es así. En realidad, parece una reunión de familia. Durante las pausas entre los cantos se charla, se fuma y se bromea. El mismo chamán es parte del auditorio, al comienzo, y hasta cuenta chistes. Pero cada vez que se sumerge en sí mismo y medita, se habla más bajo. En general, permanece de rodillas al costado del enfermo que está tendido en el suelo, con la cabeza hacia el este (de donde viene la luz, y también el alma-sombra). Se balancea tarareando, con

---

51 De Angulo, Jaime, ob. cit.

los ojos entrecerrados. Primero, es un murmullo sobre un tono quejumbroso, como si el chamán quisiera cantar a pesar de un sufrimiento interior. Sube el murmullo, toma la forma de una melodía, pero aún en sordina. Se comienza a hacer silencio y a prestar atención. El chamán no tiene aún su damagomi. Está en alguna parte, muy lejos en la montaña o en el aire de la noche. La canción es para encantarlo, para invitarlo o para forzarlo a venir.

»El chamán canta sólo algunas repeticiones. Primero, él solo, luego se suman algunas voces, y finalmente todo el mundo. Entonces, él calla y deja a la asistencia el trabajo de atraer el damagomi. Cuanto más fuerte se canta, cuanto más al unísono, más se logra el cometido. El chamán se recoge, cierra los ojos, escucha. Pronto siente a su damagomi que se aproxima y revolotea en el aire de la noche. Todo esto ocurre sólo en su psicología. Entretanto, el damagomi llega: es el momento de hablarle. Entonces, repentinamente, el chamán golpea las manos, no importa en qué instante del canto, y todo el mundo se calla. Este silencio profundo es muy impresionante, en medio de la maleza, bajo las estrellas y al fulgor vacilante de la fogata. El chamán se dirige a su damagomi: su voz es alta, como si le hablara a un sordo. Habla en lenguaje ordinario, pero está tan excitado que se embrolla en lo que dice. Su intérprete lo conoce desde largo tiempo, y sin embargo necesita que el chamán le repita varias veces lo que acaba de decir.

»El diálogo entre el chamán y su damagomi es de lo más natural. Por ahí el chamán se detiene y abre los ojos. Parece algo atontado. Pide su pipa. Su intérprete la carga, la enciende y se la pasa. Todo el mundo se estira, fuma y charla.«

LA VERDADERA RIQUEZA

«Pasan una hora o dos. El chamán recomienza. Llama a un damagomi tras otro. Los hace trabajar como a animales de circo. Comienza a balancearse tarareando una nueva canción. Todos se callan y la canción irrumpe. Esto dura, a veces, largas horas. En ocasiones, el chamán abandona la curación: sus damagomi no encuentran nada, o bien tienen miedo. El veneno es un damagomi muy poderoso, un veterano que perteneció a muchos chamanes, y no conviene atacarlo.»[52]

Cuando el chamán fracasa, no tiene derecho a demandar ningún pago. Pero en general lo recibe. Como no tiene tarifa fija, cada familia le da lo que quiere. Jamás reclama nada, ni siquiera cuando tiene éxito. «En contraposición a lo que sucede en otros grupos —dice De Angulo—, los achumawi no tienen ningún deseo ni respeto especial por la riqueza. Lo importante para ellos es la popularidad o la adquisición del poder sobrenatural.»[53]

Cuando los achumawi tienen un accidente —se rompen una pierna o algo parecido—, prefieren que los atienda un médico blanco. Saben que este posee conocimientos científicos y desean aprovecharlos. Pero como no siempre pueden pagarle, en la práctica están limitados a recurrir al chamán. «Los achumawi tienen claro que el chamán no va a curarlos de manera milagrosa —afirma De Angulo—; de él esperan dos cosas: primero el pronóstico

---

52 De Angulo, Jaime, ob. cit.
53 De Angulo, Jaime, ob. cit.

(¿mi destino es morir o curarme?); luego la activación, por intermedio del chamán y sus damagomi, y también de toda la asistencia que ayuda y canta, de las fuerzas espirituales de vida que facilitarán la curación natural. Aun cuando consiga la asistencia del médico blanco, el achumawi también llama al chamán, ya que su herida necesita *vida* y *fuerza*, además de las condiciones físicas para sanar.»[54]

Cuando la enfermedad es orgánica, el chamán achumawi la atribuye a la *sangre mala*: la sangre se vuelve negra y espesa y debe ser retirada mediante succión. Pero su especialidad son los casos de envenenamiento por otro chamán: en esas situaciones, lo primero que hace es enviar sus damagomi, uno tras otro, sobre la pista. Una vez que estos señalan la ubicación del veneno en el cuerpo del enfermo, el chamán aplica sus labios y comienza a chupar. «Así extrae el damagomi vencido y lo atrapa –explica De Angulo–: el fragmento de cabello o de uña que toma con sus dientes es sólo un símbolo físico, ya que en realidad el damagomi es incorpóreo e invisible. Luego de la conquista, el chamán guarda el damagomi nocivo para sí: lo encierra en un pequeño estuche, y lo coloca en su sombrero de plumas.»[55]

En los casos en que pretende enfermar a alguien, el chamán envía su veneno mediante el pensamiento. Le dice a su damagomi: «Ve a buscar a fulano. Entra en él y enférmalo. No lo mates enseguida. Hazlo morir en un mes». Jaime de Angulo afirma que el chamán achumawi asume su función con gran seriedad y se con-

---

54 De Angulo, Jaime, ob. cit.
55 De Angulo, Jaime, ob. cit.

sidera una especie de justiciero. Cuando decreta la muerte alguien, no es sólo por el rédito económico que le reportará la tarea, sino porque está convencido de que el acusado causó un grave perjuicio a algún miembro de su grupo.

Aunque la expansión de los Estados Unidos por la región suroeste de América del Norte fue letal para los grupos indígenas –provocó guerras, disminución de la población aborigen y su confinamiento en reservas–, el antropólogo Thomas Weaver asegura que, en la actualidad, algunos grupos como los navajos «han asimilado conocimientos técnicos propios de la modernidad y pelean por su autodeterminación sin abandonar su sistema social y religioso único y distintivo».[56]

---

56 Weaver, Thomas, *Los indios del gran suroeste de los Estados Unidos,* Mapfre, Madrid, 1992.

Capítulo IV

MÉXICO MÁGICO Y MISTERIOSO

Según informa la investigadora mexicana Mercedes de la Garza, «desde la época prehispánica hasta la actualidad, en el mundo nahua y maya ha habido chamanes, es decir, hombres dotados con capacidades sobrenaturales derivadas de su manejo del trance extático. Este manejo se logra mediante rigurosas prácticas ascéticas, como ayuno, insomnio, abstinencia y autosacrificio, acompañados de meditación, danzas y cantos rítmicos e ingestión o aplicación de sustancias psicotrópicas, tanto hongos y plantas alucinógenas como bebidas embriagantes».[57] Durante el trance, el espíritu del chamán se desprende del cuerpo; sin embargo, el individuo controla todas sus acciones: así logra ascender al Cielo, bajar al Inframundo y recorrer largas distancias en breves instantes; puede comunicarse con los dioses y con los muertos, con los espíritus de otros seres humanos y con su propio álter ego animal. «También tiene la facultad de transformarse en animal, en líquido vital (como la sangre), en fenómeno natural (como un rayo, una bola de fuego o un cometa); puede dominar las fuerzas de la naturaleza (como el granizo) y, sobre todo, es capaz de *ver* la causa de las enfermedades y propiciar las curaciones»[58], destaca De la Garza.

Los nahuas prehispánicos contaban con distintas clases de chamanes, capaces tanto de causar enfermedades como de curarlas. «Uno de los más destacados era el Nahualli –dice De la Gar-

---

[57] De la Garza, Mercedes, "El chamán y los males del espíritu entre los nahuas y los mayas", *Revista de la Universidad Nacional Autónoma de México* N° 572, edición para Internet, 1998.
[58] De la Garza, Mercedes, ob. cit.

za–, considerado un sabio con poderes sobrehumanos para transformarse en diversos animales; era un consejero serio y respetado. El bueno era cuidador y guardián; el malo, encantador y provocador de enfermedades.»[59]

Durante su iniciación, estos hombres descendían al Inframundo: allí recibían instrucción médica y conocían la manera de diagnosticar, los implementos para curar y las hierbas medicinales. La adivinación era su principal recurso para efectuar el diagnóstico. A tal fin, utilizaban granos de maíz, agua, nudos y cuerdas o el calendario ritual; también recurrían a las interpretaciones de sueños y a la ingestión de plantas psicotrópicas, como hongos, peyote, toloache y, especialmente, tabaco.

«Durante la época colonial el chamanismo fue identificado con la brujería europea, por presentar ideas afines a ella, como la transformación del brujo en animal –sostiene De la Garza–. Se la consideró una práctica propia de una secta perversa y demoníaca. Pero los ritos continuaron realizándose en la clandestinidad. Actualmente, en los estados mexicanos de Morelos, Puebla y Veracruz, principalmente, pervive la tradición chamánica nahua.»[60]

Estos chamanes mexicanos continúan encargándose de las enfermedades del espíritu. Los mayas y los nahuas creen que muchas dolencias son generadas por energías y seres sobrenaturales. Afirman que las enfermedades son causadas por la conducta de los hombres, quienes al quebrar el orden social y moral, provocan la

---

59 De la Garza, Mercedes, ob. cit.
60 De la Garza, Mercedes, ob. cit.

ira de los dioses. Las patologías también se atribuyen a influencias del signo del calendario ritual, a alteraciones del equilibrio corporal y a las emociones fuertes. «La pérdida del alma es la enfermedad del espíritu más recurrente: se extravía por *espanto* o *susto*, por un accidente o por un *mal echado* por un enemigo. En estos casos, se cree que el alma se escapa y es capturada por los espíritus guardianes de la tierra, los ríos, los bosques, por seres del Inframundo o por los *malos aires*»,[61] explica De la Garza.

Aunque la adivinación realizada mediante enteógenos ya no es tan frecuente como en la época prehispánica, todavía se conserva entre los nahuas de la Sierra de Puebla y de la región de Tetela del Volcán. Los rituales de curación incluyen siempre la quema de copal (uno de los alimentos de los dioses), oraciones para que el enfermo recupere la salud o reencuentre su alma perdida, y el uso de velas, flores y alimentos.

«Los ritos se realizan en casa del paciente –completa Mercedes de la Garza–, en el lugar donde se perdió el alma, visitando en peregrinación diversos altares de las montañas sagradas o en los campos y cuevas.

»Además de las oraciones y conjuros, se hacen sobadas, barridas, sopladas, baños y sangrías; también se chupa el mal y se aplican o dan a beber medicamentos. A veces, la curación sólo se logra con el alma separada del cuerpo, durante el sueño o el trance extático: para lograrlo se da a beber un alucinógeno al paciente. Así sucede en Tetela del Volcán.»[62]

---

61 De la Garza, Mercedes, ob. cit.
62 De la Garza, Mercedes, ob. cit.

En su origen, los indios tarahumaras del norte de México recurrían a sus chamanes tanto para curar como para efectuar sus actividades religiosas: utilizaban curanderos nativos populares y especialistas en el ritual. Todavía hoy los ranchos *gentiles* conservan prácticas y rituales aborígenes, vinculadas a la sanación de las personas, los campos y los animales. «Entre los gentiles existen dos papeles religiosos: el oweruame (chamán) y el saweame (músicos y danzantes) –dice el profesor Thomas Weaver–. El saweame marca el tiempo con una sonaja ceremonial durante las danzas, que junto con los cánticos, forman parte de todas las prácticas rituales. Los danzantes visten el traje aborigen y sus bailes se acompañan con música de flauta y tambor, más la ingestión de tesgüino, todo ello bajo la dirección del hombre medicina nativo (oweruame).»[63]

El chamán es la persona más prestigiosa y respetada en la sociedad tarahumara: se lo invita a todas las fiestas, se recurre a él para pedirle consejo y se lo mantiene con donaciones. Según explica Weaver, tiene tres funciones: diagnosis y tratamiento de enfermedades; protección de los animales, personas y cultivos, y realización de ceremonias en conexión con el nacimiento, muerte y cura de animales y campos. Aunque se supone que nace con poderes especiales y que ha sido *llamado*, el oweruame debe ser instruido por otro veterano durante diez o veinte años; al principio, se desempeña como ayudante de un chamán mayor, cantando en las ceremonias, realizando pequeños rituales de curación, sanando animales y campos y colaborando en los partos.

---

63 Weaver, Thomas, ob. cit.

Curiosamente, los chamanes tarahumaras suelen llevar un crucifijo como símbolo de su condición: en las comunidades de bautizados también tienen un papel importante, y presiden las ceremonias nativas de sanación que conviven con los ritos cristianos.

Los tarahumaras creen que la causa principal de las enfermedades graves es la pérdida del alma debido a encuentros o revanchas de las fuerzas sobrenaturales, o por brujería. La única chance del enfermo, ante tales eventualidades, es recurrir a un chamán. «El oweruame lanza su propia alma en un sueño para descubrir la causa de la enfermedad o para localizar y recuperar el alma», explica Thomas Weaver. Y completa: «Entonces puede seguir un ritual de curación, que incluye el derramamiento e ingestión de tesgüino, aspersión de este sobre el paciente con una cruz y cuentas, uso de incienso, canto de canciones especiales para curar, charlas con el paciente y la familia, preparación de hierbas medicinales cocidas, ungüentos y cataplasmas, prescripción de sudadas, ayuno, permanencia en cama, masaje y succión de larvas y objetos extraños del cuerpo del doliente».[64]

HONGOS DE PODER

Los indios mazatecas, habitantes de un área montañosa del noroeste de Oaxaca, tienen una larga tradición vinculada a los hongos psicotrópicos. Según revela Henry Munn, un estudioso que convivió largo tiempo con ellos, estos indios «comen hongos sólo por la noche en la más completa oscuridad, y es frecuente que padres,

---

64 Weaver, Thomas, ob. cit.

hijos y tíos participen conjuntamente en ceremonias que elevan la conciencia hacia planos superiores».[65]

El propósito general de las sesiones es lograr una catarsis terapéutica. Muchos mazatecas han comido hongos –una de las especies más difundidas es *Psilocybe mexicana Heim*– por lo menos una vez en su vida, tanto para curarse como para resolver un problema. Pero no todos tienen predilección por tales viajes hacia las profundidades de la mente. Los chamanes son individuos reconocidos por sus pares como expertos en estas aventuras psicológicas; por eso, cuando los demás comen hongos, siempre les piden que estén presentes.

Según relata Munn, «el hombre medicina preside la sesión, y como la familia mazateca es paternalista y autoritaria, la experiencia se plasma en un contexto donde todos deben mantener silencio y escuchar mientras el chamán habla».[66] Gracias a la ingestión de los hongos, el chamán adquiere una notable capacidad para hablar: «El chamán recita y canta la verdad –dice Munn–, es el poeta oral de su gente, el doctor de la palabra, el que dice lo que está mal y cómo remediarlo, el visionario y oráculo, el que está poseído por la Voz».[67]

Desde la perspectiva de Munn, en el caso del chamán mazateca no se puede hablar de alucinaciones: «Su fluir de conciencia tiende a ser coherente –asegura el investigador– una enunciación

---

65 Munn, Henry, "The Mushrooms of Language", En *Hallucinogens and Shamanism,* por Michael Harner (edit.), Oxford University Press, Nueva York, 1973.
66 Munn, Henry, ob. cit.
67 Munn, Henry, ob. cit.

racional de significados. Para el chamán, es como si la existencia se estuviera expresando a través de él».[68]

La experiencia psicodélica producida por los hongos está asociada a la cura de enfermedades. Por enfermedad se entiende no sólo la dolencia física, sino también los problemas mentales y éticos. Los hongos se comen sólo cuando algo funciona mal. Hasta tiempos recientes, era la única medicina a la cual recurrían los mazatecas. «Su valor medicinal no es solamente de carácter mágico, sino también químico. Los indígenas aseguran que gracias a estos hongos han logrado curar casos de sífilis, cáncer y epilepsia»,[69] destaca Munn.

Los mazatecas creen que en ocasiones el alma es *asustada*, el espíritu se va y la persona es alienada de sí misma o poseída por otro individuo. Para estas neurosis, los chamames son los grandes doctores, y los hongos, la gran medicina. «La tarea del chamán es buscar el espíritu extraviado, traerlo de vuelta y reintregar la personalidad del enfermo. Si es necesario, les paga a los poderes que se han apropiado del espíritu quemando cacao, obsequiándoles granos y otras ofrendas»,[70] explica Munn. Durante el *susto*, se dice que el espíritu ha quedado detrás, atado o encarcelado. «Al igual que en la etiología de las neurosis –apunta Munn–, la enfermedad es una fijación en un hecho traumático del pasado que el individuo es incapaz de trascender y del cual debe ser liberado para curarse. No es casual que los hongos, que causan un vuelo del

---

68 Munn, Henry, ob. cit.
69 Munn, Henry, ob. cit.
70 Munn, Henry, ob. cit.

espíritu, sean considerados los medios para cazar lo que se ha *volado*. Los chamanes van a la búsqueda, por imaginación empática, en ocasiones dialogando con el enfermo, y logran sumergirse en las razones del estado de *shock*. Gracias al poder de los hongos, el paciente se libera de las inhibiciones y represiones, recuerda el evento traumático y supera el síndrome de repetición que lo perpetúa; sufre una catarsis y es devuelto a la vida, integrado.»[71]

Mediante un cambio en su conciencia cotidiana, el chamán mazateca ingresa en el reino metafísico de lo trascendente para conversar con los poderes sobrenaturales y ganar comprensión de las razones ocultas de los eventos, de la enfermedad y de toda clase de dificultades. Inspirado por los hongos, se considera a sí mismo investido por el poder de reunir lo que está separado. «El chamán procura llevar lo oscuro a la luz del día; es el lúcido e intrépido que investiga en los orígenes del trauma, el interrogador de lo familiar y misterioso»,[72] define Munn.

Evidentemente, la liberación provocada por los hongos es más eficiente para tratar dolencias psicosomáticas y problemas psicológicos; a los deprimidos les provocan una catarsis del espíritu; a aquellos con problemas, una visión de su camino existencial. «Los chamanes comen los hongos que liberan las fuentes del lenguaje para hablar con belleza y elocuencia. Pero la función del orador no es solamente implorar. El chamán tiene un concepto de la poesía en su sentido original como acción: las palabras en sí mis-

---

71 Munn, Henry, ob. cit.
72 Munn, Henry, ob. cit.

mas son medicinales –destaca Munn–. Al inspirarlo, los hongos convierten al chamán en un oráculo.»[73]

LA FUNCIÓN DE LOS HONGOS

Los chamanes se refieren a los hongos como medicinas y afirman que la metamorfosis que producen los pone en comunicación con el Espíritu. Aseguran que «no son hongos locos, sino remedios para gente decente. En especial, para los extranjeros», refiriéndose a los miembros de las sociedades industrializadas que comenzaron a llegar a los pueblos mazatecas para experimentar con los hongos psicodélicos. «Estos chamanes tienen la sospecha de que lo que nosotros estamos buscando es una cura para nuestras alienaciones, ser puestos de vuelta en contacto, por medios violentos si es necesario, con ese ser creativo y original que ha sido alienado de nosotros por nuestras familias de clase media, nuestra educación y el mundo corporativo del empleo»,[74] desliza Henry Munn.

En 1980, el profesor Stanley Krippner viajó a Oaxaca y logró entrevistarse con María Sabina, una afamada chamana que en 1955 había revelado sus conocimientos sobre los ritos curativos mazatecas con hongos sagrados. «Nacida en 1894 –cuenta Krippner–, María Sabina llevó una vida muy dura. De niña perdió a su padre, y al principio comenzó a comer hongos psicotrópicos para combatir el hambre. En una ocasión, cuando su hermana estaba enferma y María había consumido hongos, se le apareció

---

73 Munn, Henry, ob. cit.
74 Munn, Henry, ob. cit.

la figura de la muerte. Tras esa visión, aseguró haber recibido orientación de "seres espirituales superiores" para curar a su hermana, y esta se recuperó de su dolencia. A partir de entonces, María se convirtió en una conocida curandera, y la gente comenzó a acudir a ella desde muchos kilómetros a la redonda.»[75]

Doña María aseguraba que los hongos brindaban sabiduría y sanaban las enfermedades; también decía que representaban la carne y la sangre de Jesucristo. «Luego de la muerte de su segundo esposo, cuando tenía cuarenta años, comenzó a trabajar exclusivamente con hongos sagrados y pasó a ser conocida como sabia. Contó que los hongos aparecían por voluntad de Dios. Y afirmaba que Jesucristo o algún otro "ser espiritual superior" actuaba a través de ellos, para revelar el origen de la dolencia y el remedio correspondiente»,[76] relata Krippner.

Aun cuando estaban dominados por imágenes cristianas, los rituales de doña María incluían recitados y cantos de alabanza propios de los sumos sacerdotes de Moctezuma, un líder azteca destronado por los españoles en 1521. «En su momento, la Inquisición española había declarado ilegales las sesiones, pero estas siguieron practicándose en secreto durante más de cuatro siglos. Cuando se descubrió que aún se celebraban, muchos jóvenes de Norteamérica y Europa occidental acudieron a Oaxaca para probar los hongos psicotrópicos. Doña María simpatizaba con su deseo de ilustración espiritual –comenta Krippner–, pero cri-

---

75 Krippner, Stanley, art. cit.
76 Krippner, Stanley, art. cit.

ticaba el hecho de que aquellos jóvenes no respetaran las tradiciones mazatecas y consumieran los hongos sin una preparación adecuada ni la orientación de un sabio. María Sabina pensaba que el mundo entero, y no sólo la comunidad de curanderos indígenas, necesitaba la "antigua sabiduría" para facilitar la curación, el amor y la paz sobre el planeta.»[77]

VISIONES DE PEYOTE

Los indios huicholes habitan las sierras de México, predominantemente en el estado de Nayarit. Los chamanes ocupan un lugar central en estas comunidades. Su oficio es hereditario: el padre da a su hijo una medicina –en la cual el peyote tiene un papel importante– y pinta su rostro; el pequeño aprende las canciones sagradas y *sueña* las que le serán propias. Los chamanes trabajan con plumas: con ellas limpian la parte enferma del cuerpo del doliente y succionan la piel, sacando el *veneno* que ocasiona la enfermedad.

Stanley Krippner conoció, en el pueblo de Colorín, a José Ríos, llamado Matsuwa ("pulso de energía"). «Don José había nacido poco antes de 1880; trabajó con éxito la tierra hasta que tuvo un accidente en el que perdió la mano derecha –cuenta Krippner–. Interpretó aquel suceso como una llamada del mundo espiritual e inició un aprendizaje que duró sesenta y cuatro años.»[78] Don José le contó a Krippner que había aprendido muchas lecciones de Tatewari, el "abuelo fuego", y de Tayaupa, el

---

77 Krippner, Stanley, art. cit.
78 Krippner, Stanley, art. cit.

"padre sol". También le relató que en varias oportunidades se había internado a solas en el bosque, para consumir peyote, el fruto de un cacto con propiedades psicotrópicas. A través del peyote, había tenido acceso a Kauyumari, un animal de poder identificado como el espíritu del pequeño ciervo. Este aliado lo había ayudado a viajar por un largo túnel oscuro, a fin de obtener visiones de lo que tenía que aprender para proseguir con su formación.

«Cuando oigan las canciones sagradas de mis labios, no soy yo quien las canta, sino Kauyumari que me las susurra al oído. Y yo se las transmito a ustedes. Él es quien nos enseña y nos muestra el camino», decía don José. También comentaba que Kauyumari le había enseñado a curar a los enfermos: para eso debía ofrecer oraciones a los espíritus, succionar las impurezas del cuerpo del paciente y usar flechas sagradas para equilibrar sus *campos de energía*.

«Mis amigos y yo –relata Krippner–, sabiendo que a don José le encantaba la música y la diversión, en una ocasión le organizamos una fiesta. En plena celebración, don José frunció el ceño y se puso muy serio:

»—Una de mis huicholes está enferma —dijo—. Debo regresar inmediatamente para ayudarla.

»—Pero don José —exclamé—, a estas horas no hay ningún vuelo a México, y además, mañana por la mañana usted debe dar una conferencia.

»—Usted no comprende, suspiró entonces. Déjeme solo, agregó, retirándose a un rincón, donde permaneció sentado media hora, mirando a la pared.

»—He logrado ayudar a la mujer que estaba enferma —exclamó entonces—. Ahora volvamos a la fiesta.»[79]

Krippner comprendió entonces que había presenciado el *vuelo mágico* de un chamán.

Don José también dirigía ceremonias para acabar con la sequía. Decía que los rituales sagrados eran necesarios para agradecer a los espíritus, ya que de otra forma los dioses podrían enojarse y desentenderse del destino de los seres humanos. «Don José y otros practicantes espirituales huicholes realizaban frecuentes peregrinaciones al desierto de Wirikuta –comenta Krippner–, en la altiplanicie central de México, donde crece el peyote. En ocasiones, durante las ceremonias en las que ingería peyote, don José pasaba varios días y noches cantando, sentado en su silla de chamán, para que no se dispersase el poder que se manifestaba. Para don José, las visiones que le proporcionaba el peyote servían para diagnosticar la enfermedad del paciente y prescribir el tratamiento, que podía consistir en hierbas, oraciones, ayuno, o en enviarlo al médico.»[80]

Según explicaba don José, a sus pacientes no les bastaba con superar sus enfermedades; para evitar una recaída debían «encontrar su propia vida, descubriendo significado y alegría en sus actividades cotidianas».

---

79 Krippner, Stanley, art. cit.
80 Krippner, Stanley, art. cit.

Capítulo V

PLANTAS MAESTRAS DEL AMAZONAS

«Los matsigenka de la Amazonia sudoccidental peruana llaman al chamán *seripi'gari*, término que se traduce como "emborrachado por el tabaco". Los alucinógenos que utilizan son el tabaco (*Nicotiana tabacum*), la datura (*Brugmansia sp*) y la ayahuasca (*Banisteriopsis caapi*)»,[81] explica el antropólogo argentino Mario Califano. En estos grupos, la decisión de convertirse en chamán es personal, y el candidato comienza tomando ayahuasca de poca concentración junto con un chamán avezado. «El aprendizaje dura cuatro meses –afirma Califano–, tiempo durante el cual el joven vive con un seripi'gari anciano, mantiene una dieta especial, se abstiene de todo contacto sexual, y además de los alucinógenos mencionados, ingiere otro más fuerte: el tashirin'kavana.»[82]

Durante ese período, el novicio debe concentrarse en el aprendizaje de ciertos cantos, observar la naturaleza y prestar mucha atención a sus sueños. En un determinado momento, «se supone que se acerca al río y allí ve un *genio* que le entrega piedras que, al soplarlas, se transforman en jaguares, y le servirán para luchar contra los demonios –dice Califano–. Las piedras son blancas, brillan e iluminan, y el novicio debe alimentarlas diariamente con tabaco. Si las pierde, muere».[83]

---

81 Califano, Mario, "Los rostros del chamán: nombres y estados", en *Chamanismo en Latinoamérica,* Isabel Lagarriga, Jacques Galinier, Michel Perrin (coord.), Plaza y Valdés, México, 1995.

82 Califano, Mario, ob. cit.

83 Califano, Mario, ob. cit.

Se supone que cada alucinógeno –tabaco, datura, ayahuasca– tiene una "dueña" que se presenta y alimenta al aprendiz con cuentas de collar o chaquiras. «Si el novicio elige chaquiras de color amarillo, se transformará en brujo o hechicero; si en cambio, elige otros colores será seripi'gari»,[84] completa Califano.

Otro especialista, Gerhard Baer, explica que «entre los matsigenka, la enfermedad es casi siempre expresión y resultado de un conflicto social previo o de la transgresión del orden social. Esto también se aplica a las dolencias atribuidas a la agresión de personas o poderes sobrenaturales, ya que se cree que estos cooperan con las brujas y los chamanes maléficos.

»Los factores de desorden incluyen el incesto, el quiebre de tabúes alimentarios, la ignorancia de las implicaciones de un sueño ominoso o algún otro mal presagio y los conflictos resultantes de no desempeñar obligaciones sociales, como la mala distribución de alimentos, la pereza o el robo».[85]

Cuando un matsigenka quiebra ciertos tabúes, queda *manchado:* su cuerpo se abre y se torna indefenso, y permite que los proyectiles enviados por los chamanes malignos y sus aliados demoníacos ingresen en su cuerpo. Esto le traerá alguna enfermedad, y hasta puede causarle la muerte. «Cuando el cuerpo se abre –afirma Baer–, el ego soñante también puede abandonar el cuerpo, lo cual constituye una seria amenaza de muerte o enfermedad.

---

84 *Califano, Mario,* ob. cit.
85 Baer, Gerhard, "The one intoxicated by tobacco. Matsigenka Shamanism", en *Portals of Power. Shamanism in South America,* E. Jean Matteson Langdon y Gerhard Baer (edit.), University of New Mexico Press, 1992.

En ambos casos, el chamán debe quitar los proyectiles de la víctima o traer de vuelta el alma fugitiva.»[86]

A fin de prevenir estos incidentes, los matsigenka se pintan el cuerpo y el rostro con dibujos especiales: esto *cierra* su anatomía y hace las veces de armadura, a la vez que ahuyenta a los entes demoníacos. También las plantas medicinales contienen un *veneno* que espanta a los demonios y sella el cuerpo del indígena, y lo protege de la enfermedad.

Los pacientes no son sanados directamente por el chamán, sino por sus espíritus guardianes y auxiliares. Al tratarlos, el chamán emplea varias técnicas: sopla, escupe o succiona los elementos que ingresaron al cuerpo (flechas, espinas, huesos, etc.).

La sesión chamánica se efectúa a oscuras en la casa del chamán. «Además del seripi'gari —dice Baer—, participan su asistente o aprendiz, su esposa y algunos invitados, incluida la familia del paciente. Este yace en una esterilla frente al chamán, quien bebe ayahuasca junto a otros varones mayores, y asciende varias veces por una escalera.»[87] Aunque las mujeres no toman, su presencia es muy importante porque entonan una serie de cánticos que inducen la aparición de los entes auxiliares del seripi'gari, y le permiten iniciar su viaje extático hacia el reino de los *invisibles* y *puros*.

«Estos indígenas tienen dos explicaciones de lo que sucede durante el trance —comenta Baer—. De acuerdo con el primer

---

86 Baer, Gerhard, ob. cit.
87 Baer, Gerhard, ob. cit.

concepto, luego de tomar el alucinógeno, el alma del chamán se torna independiente y parte en un viaje extático al mundo de los espíritus puros, los visita y luego retorna al cuerpo del chamán. Mientras su alma está ausente, los espíritus guardianes del chamán descienden, ingresan a su cuerpo desalmado y aparecen ante los asistentes en su forma, hablando y cantando mediante su voz. Los asistentes notan, sin embargo, que se ha convertido en alguien más, o que se ha transfigurado.

»De acuerdo con el segundo concepto –continúa Baer–, durante el trance el chamán desaparece en cuerpo y alma. En el momento de su desaparición, uno de sus espíritus guardianes desciende y permanece por él frente a los presentes. La esposa del chamán recibe al espíritu con hospitalidad, mientras canta. En el momento en que el chamán retorna, el espíritu que lo estuvo representando desaparece.»[88]

Según Baer, el chamán matsigenka lleva una vida ritual y pura e induce a sus seguidores a imitar sus comportamientos. Si tiene éxito, existe la posibilidad de que su grupo sea llamado por los "puros" e ingrese a sus tierras: de esta forma el chamán y los suyos habrán escapado a la muerte, y se convertirán ellos mismos en "puros e invisibles".

ALUMNOS DE LA AYAHUASCA

En una entrevista ofrecida en 1998, Juan Gilberto Flores Salazar, chamán del grupo étnico asháninka de la Amazonia peruana, revela el

---

[88] Baer, Gerhard, ob. cit.

modo en que se adquiere el conocimiento sobre las plantas: «Primero experimento en mi propio cuerpo. Hago una dieta de varios días, pruebo la planta, siento qué hace dentro de mí y cuáles son sus efectos. Tengo que comprender qué es lo que tiene para dar. Al hacer un remedio con ella, debo entrar a un lugar de silencio, estar solo durante ocho días y contar con una persona que me atienda».[89]

Según este chamán, «las plantas son maestras, en primer término, porque nosotros, los estudiantes de las plantas, nos entregamos a ellas. La planta tiene un espíritu, una fuerza que viene y nos enseña: nos habla mediante los sueños, nos dice y nos muestra qué remedio es bueno para una enfermedad. Ellas nos dirigen y nosotros acatamos lo que nos dicen».[90]

El eje principal de las curaciones en la medicina tradicional del Amazonas es el tabaco. Este actúa por medio de la *soplada* (una técnica que consiste en echar el humo del tabaco sobre diferentes partes del cuerpo, especialmente la cabeza, para liberar a la persona de energías negativas). Toda planta preparada tiene que tener una soplada o un ícaro (una canción a la planta), para darle fuerza y convidar al paciente. «El tabaco funciona con la ayahuasca —apunta Flores Salazar—: los dos realizan las primeras funciones para empezar la curación; son las bases para seguir el camino de las plantas.»[91]

Para dar los primeros pasos en la toma de ayahuasca, es imprescindible que la persona cuente con un guía entrenado y res-

---

89 Flores Salazar, Juan Gilberto, entrev. cit.
90 Flores Salazar, Juan Gilberto, entrev. cit.
91 Flores Salazar, Juan Gilberto, entrev. cit.

ponsable: no puede iniciarse por su cuenta, porque existen fuerzas opuestas que pueden desvincularla y, además, desconoce la dosis adecuada. Según los expertos, la ayahuasca tiene la propiedad de dar fuerza al cuerpo manteniendo la vida física, y de ayudar al florecimiento y la ampliación de la conciencia. Para prepararla, se utilizan dos plantas: la ayahuasca propiamente dicha, que es una liana, y la chacruna, un árbol bonito que siempre mantiene las hojas verdes. «Ambas plantas se unen, se cocinan y de allí sale el extracto de ayahuasca –explica Flores Salazar–. Al tomarla, la persona está comunicándose con la planta y con la Tierra.»[92]

En la selva, todo indígena quiere tener su *limpieza*. Las ceremonias se hacen en grupos de diez o quince personas. «A veces, los que comen demasiado toman el remedio y este les dice que no conviene que haya tantas cosas ahí guardadas durante tanto tiempo, y entonces lo sacan todo afuera... A los siete días, la persona ya está tranquila, y siente que ha recuperado algo en su vida. Eso es lo que se busca», comenta Salazar. Y reconoce: «Hay casos en que nosotros, los seripi'gari, no estamos tan precisos. Hay enfermedades para extraer, donde las operaciones pueden actuar más rápido. Entre los niños, es muy duro aplicar la medicina tradicional; el tratamiento deben hacerlo los doctores, con más delicadeza».[93]

Alan Shoemaker, un guía espiritual con experiencia en la ingestión de ayahuasca, señala que «esta planta, al igual que otras con poderes sagrados, incrementa la percepción y abre las puertas hacia el

---

92 Flores Salazar, Juan Gilberto, entrev. cit.
93 Flores Salazar, Juan Gilberto, entrev. cit.

plano espiritual de la existencia. Las medicinas de este tipo, además, activan una respuesta sanadora específica que despoja de enfermedades físicas y libera de condicionamientos psicológicos arrastrados del pasado –hábitos arraigados y pautas de respuesta carentes de toda utilidad–, y así ayudan a progresar y seguir creciendo».[94]

Otro investigador que tomó ayahuasca, Ralph Metzner, comenta que «la experiencia puede incluir la percepción de seres espirituales no materiales, normalmente invisibles. Habitualmente, se los asocia con animales (serpiente, jaguar), plantas, árboles u hongos, o con ciertos lugares. Puede ocurrir que uno se identifique con dicho espíritu o se transforme en él. Y siempre se percibe que la visión o la cura es producida por dichos espíritus, o con su ayuda».[95]

Un elemento esencial para inducir estas experiencias es escuchar música o cantos, o simplemente cantar. «En el caso de las ceremonias con ayahuasca, el ritmo de los ícaros brinda apoyo para atravesar el flujo de las visiones e impide que uno se quede *atascado* o detenido por fenómenos, ya sea seductores o aterradores»,[96] señala Metzner.

El antropólogo Luis Eduardo Luna asegura que la ayahuasca «no es el único preparado psicotrópico de la región amazónica. En la concepción de algunos grupos del Alto Amazonas, existe toda una vía de conocimiento a través de las plantas, y es grande el

94 Shoemaker, Alan, "Visiones de ayahuasca", en *Uno Mismo* N° 184, Agedit, Buenos Aires, 1998.
95 Metzner, Ralph, art. cit.
96 Metzner, Ralph, art. cit.

número de especies que ha sido utilizado como vía de adquisición de poderes o conocimiento. Los pueblos amazónicos, podemos afirmarlo, poseían un extraordinario conocimiento de lo que podríamos llamar la *farmacología de la conciencia»*.

Para Luna, no existe una fórmula que determine cuál es el resultado de la ingestión de ayahuasca. Depende en gran medida de los presupuestos culturales de cada grupo. Algunas tribus –por ejemplo, los desana de la Amazonia colombiana– la utilizan para recitar y revivir los mitos primarios sobre los que se basa su cultura. «Se trata de experimentar vivamente tales mitos –puntualiza Luna–, y asistir, por ejemplo, al comienzo del mundo, o viajar en el vientre de la canoa-serpiente que, según sus creencias, llevó a estos grupos a la zona donde viven en la actualidad. En otros casos, el chamán puede hacer un viaje en el que se cree que va a buscar el espíritu de sus pacientes, o entra en contacto con los espíritus que pueden haber causado la enfermedad.»[97]

A partir de 1930, en Brasil se empezó a utilizar la ayahuasca en el contexto de nuevos grupos religiosos, básicamente cristianos, pero con elementos amerindios, afrobrasileños y del esoterismo europeo. A partir de ese movimiento, se plasmaron dos importantes líneas: Santo Daime y la Unión del Vegetal, que cuentan con gran número de adeptos tanto en Brasil como en otras latitudes, no sin cosechar algunas controversias.

Durante los últimos años, la ayahuasca también comenzó a circular en los ambientes terapéuticos y de crecimiento personal

---

97 Luna, Luis Eduardo, "La tradición de la ayahuasca", en *Uno Mismo* N° 204, Agedit, Buenos Aires, 2000.

de varias metrópolis occidentales. Y no faltan voces que alertan sobre los riesgos del mal uso de esta y otras plantas, por parte de gente inexperta que desconoce las tradiciones o se desvía de ellas.

Este es un tema sobre el que debe tenerse especial cuidado, ya que los peligros involucrados no son pocos: se han conocido casos de personas que no están lo suficientemente preparadas o no tienen las virtudes espirituales necesarias y realizan prácticas pseudochamánicas en condiciones y contextos inadecuados.

En un trabajo que realizó en 1986, Luis Eduardo Luna llegó a contar setenta grupos indígenas, pertenecientes a diversas familias lingüísticas y desparramados por el Alto Amazonas, que utilizan la ayahuasca: «En nuestros días, el uso más frecuente se da en sesiones de tipo chamánico, íntimas, para diagnosticar y curar enfermedades, para tener acceso a información sobre lugares o personas distantes y, en general, para entrar en contacto con el mundo de los espíritus, tanto ancestrales como de la naturaleza. Su uso es tanto práctico como espiritual, teniendo en cuenta que esta es una distinción occidental, ya que ambas esferas son una sola en las concepciones indígenas sobre la realidad».[98]

FLECHAS MÁGICAS EN PLENA SELVA

Entre 1985 y 1986 se realizó una encuesta entre los chamanes mestizos de la ciudad de Iquitos, en la Amazonia peruana. Muchos se refirieron a una variante muy temida, denominada "chamanis-

---

[98] Luna, Luis Eduardo, art. cit.

mo de flechas", arraigada entre los indios shuar, ticuna y yagua. «Las flechas mágicas son proyectiles invisibles que los chamanes conservan en su propio organismo (estómago, pecho, brazo) y nutren con su propia sangre, o con el humo del tabaco que absorben regularmente –explica el etnólogo francés Jean-Pierre Chaumeil–. Las flechas son susceptibles de crecer y de reproducirse en el interior del cuerpo. Se cree que emanan del mundo sobrenatural, de entidades invisibles o de espíritus de la selva con los cuales los chamanes entran en contacto durante su iniciación.»[99] Por lo común, estas flechas son asociadas a unas *babas* viscosas o flemas, que las envuelven delicadamente o las bañan, «y que constituyen, de alguna manera, su forma embrionaria o *matriz*».

Las flechas mágicas serían una suerte de objeto-embrión conservado en una especie de *flema amniótica*. Chaumeil comenta que, en varias lenguas indígenas, el término para *flecha* significa también "espíritu", "poder sobrenatural", "energía" o "saber", con lo cual serían tanto un principio de conocimiento como un poder patógeno o terapéutico. «Las flechas se perciben como entidades vivas que pueden desplazarse a gran velocidad sobre largas distancias. Se las considera, también, cargadas de *electricidad* o dotadas de una gran fuerza de atracción, como un imán. No circulan libremente en la naturaleza, sino que son controladas por los espíritus de la selva»,[100] destaca Chaumeil.

---

99 Chaumeil, Jean-Pierre, "Del proyectil al virus. El complejo de las flechas mágicas en el chamanismo del oeste amazónico", en *Chamanismo en Latinoamérica,* Isabel Lagarriga, Jacques Galinier, Michel Perrin (coord.), Plaza y Valdés, México, 1995.
100 Chaumeil, Jean-Pierre, ob. cit.

Según informa este etnólogo, «el chamán puede adquirir flechas directamente de los seres sobrenaturales (el caso más común) por intermedio de un chamán iniciador o por compra a un chamán conocido, y también por herencia a la muerte de un chamán (los proyectiles librados pasan al cuerpo del aprendiz); además, puede recibirlos por comunicación en sueños con el espíritu de un chamán fallecido o hurtándoselas a un enemigo».[101] Por lo común, el contacto con los espíritus poseedores de flechas requiere la ingestión de alucinógenos, en particular de ayahuasca. Frecuentemente, los chamanes contabilizan el número de sus flechas y se garantizan su aprovisionamiento para no perder competitividad.

«Proyectadas en el espacio –dice Chaumeil–, las flechas permanecen en contacto con su propietario por medio de mensajes sonoros, cantos o hilos invisibles, y a veces se comunican entre ellas por procedimientos acústicos (silbidos, ruidos, etc.). Desplegadas en mallas cerradas alrededor del chamán, proporcionan una armadura eficaz contra los proyectiles enemigos. A veces se erigen murallas de flechas en la noche, alrededor de las habitaciones, para contrarrestar eventuales ataques.»[102]

Cada tipo de flecha está vinculado a una dolencia que puede inocular o curar. Entre los yagua ecuatorianos, la flecha negra (las más poderosa, larga, rígida y de corte redondo) produce una muerte violenta; la roja (dura y ensanchada en la base) provoca la decapitación; la amarillenta (blanda) genera diarrea; la blanca (esférica) trae vómitos, y la azul-verde (corte redondo) produce cefalea.

---

101 Chaumeil, Jean-Pierre, ob. cit.
102 Chaumeil, Jean-Pierre, ob. cit.

Más que a los proyectiles mismos, la enfermedad se atribuye al curare con que los chamanes endurecen el extremo de sus flechas mágicas: se supone que este veneno pudre la carne o *aspira* la sangre.

Los masajes, succiones y soplidos con humo de tabaco son los medios más utilizados por los chamanes para quitar las flechas nocivas. Pero en algunos casos, la extracción sólo es posible cuando disponen de flechas iguales a las que yacen en el cuerpo del paciente. «Estas últimas serán, entonces, *seducidas o atraídas* como un imán y no podrán resistir el deseo de acercarse a sus homólogas, y aseguran de este modo la curación»,[103] dice Chaumeil. Una vez afuera, las flechas patógenas pueden ser destruidas, lanzadas contra el presunto agresor o un familiar suyo, o incorporadas al surtido de proyectiles del chamán.

«Al cargar las enfermedades en su organismo –reflexiona Chaumeil–, el chamán encarna la imagen de un *portador sano*, porque una misma sustancia patógena, que de ordinario vacía a la gente de su sangre o pudre su carne, a él, por ser chamán, lo fortalece. Cuanto más flechas posea, más poderoso e invulnerable será a las agresiones de otros chamanes.»[104]

En la selva amazónica, la caza involucra todo un sistema de alianzas y negociaciones entre los cazadores, los chamanes y las entidades sobrenaturales que gobiernan la cacería. «En algunos casos, la obtención de la presa da lugar a intercambios de mer-

---

103 Chaumeil, Jean-Pierre, ob. cit.
104 Chaumeil, Jean-Pierre, ob. cit.

cancías cuyo costo se establece en flechas», dice Chaumeil. Y concluye: «Al parecer, en el pasado el chamanismo jugó un papel más importante en la gestión de las relaciones con la naturaleza (particularmente en lo que hace a la caza). Su inflexión terapéutica actual es un fenómeno relativamente reciente, debido en parte a la situación colonial y a las olas de epidemias que la acompañaron».[105]

---

105 Chaumeil, Jean-Pierre, ob. cit.

Capítulo VI

EN EL CORAZÓN DEL CHACO

Habitantes de la región chaqueña del noroeste argentino –en las provincias de Formosa, Chaco y Salta–, los indios tobas provienen de una tradición cazadora y recolectora nómade. En la actualidad, complementan esas actividades con la agricultura intensiva y el trabajo mal pago en la construcción y en los ingenios. Se agrupan en comunidades agrícolas de propiedad comunal y fiscal, y la familia extendida es la piedra angular de su organización social.

A comienzos de los años ochenta, el antropólogo Pablo Wright realizó un trabajo de campo entre los tobas taksek del noroeste de Formosa (departamento de Pilagá). «En estos grupos, el término *poder* designa no sólo los procesos políticos que implican la toma de decisiones y el ejercicio de la autoridad, sino también el control de las fuerzas del universo que permiten la buena salud y el bienestar –explica Wright–. Los caminos más usuales mediante los cuales los humanos ganan este poder y conocimiento son los sueños, visiones y los encuentros en persona.»[106]

Además de facilitar el contacto con otros niveles de realidad, los sueños permiten interpretar eventos de la vida cotidiana, y tienen una importante función sanadora; las visiones tienen la particularidad de que acontecen mientras el individuo está despierto; y los encuentros se caracterizan por la irrupción de una entidad no humana que aparece o bloquea el paso.

---

106 Wright, Pablo, entrev. cit.

Los chamanes tobas hacen las veces de mediadores entre los hombres y los seres sobrenaturales. Intervienen en conflictos originados en el quiebre de tabúes impuestos por los entidades del otro mundo, tales como las normas de caza. «Una caza pobre, o las enfermedades, se consideran muchas veces castigos por tales ofensas; en esos casos se le solicita al chamán que vuelva la situación a la normalidad»,[107] afirma Wright.

El término nativo para mencionar las entidades sobrenaturales es *jaqa'a*. *No'wet* designa a los espíritus que contactan a los humanos para pasarles su poder, mientras que a los individuos que lo reciben se los llama *pi'oGonag*. Los pi'oGonag pueden manejar las visiones y los sueños a voluntad; ingresan en éxtasis a través de canciones, ritmos y, en algunos casos, danzas. «Aunque hoy no emplean alucinógenos –dice Wright–, tal vez lo hicieron en el pasado.»[108]

Obviamente, no todos los sueños contienen una revelación de parte de los seres sobrenaturales. Los que sí la tienen se consideran *sueños verdaderos*, y canalizan una enseñanza que debe ser interpretada y, de ser preciso, comunicada al resto del grupo. Un individuo que no revela un sueño importante para la comunidad será responsable por los inconvenientes que puedan sobrevenir.

«Para los tobas, el sueño es la salida de un componente físico del individuo al que llaman *imagen-alma*, que vaga fuera de su cuerpo. Si el individuo tiene el poder de un no'wet, se supone que

---

107 Wright, Pablo, entrev. cit.
108 Wright, Pablo, entrev. cit.

su imagen-alma puede caminar y ver en la noche como si fuese de día»,[109] comenta Pablo Wright.

La posibilidad de acceder a la condición de chamán depende en gran medida de la voluntad del no'wet. Los modos de obtener poder incluyen:

- transmisión de un chamán pariente;

- encuentro con un no'wet en persona: el no'wet aparece en forma humana, con algunos atributos animales o vegetales que indican las especies que gobierna; se presenta y explica el poder que puede ofrecer; pregunta a la persona si quiere los regalos que tiene a disposición y sugiere que elija a voluntad;

- a través de aprendizajes en sueños o mediante autosanación: cuando un hombre se cura a sí mismo sin ayuda externa, la enfermedad que sufría pasa a ser parte de su poder personal, y tendrá la habilidad de curar a aquellos que la padezcan.

«El pi'oGonag dispone, dentro de su propio cuerpo, de entidades no humanas llamadas *lawanek*, que se ubican principalmente en su corazón. Estas entidades le permiten protegerse de las agresiones de otros chamanes, y también curan o causan daño»,[110] explica Wright.

Durante su iniciación, el novicio sufre un cambio en su manera de ser. Por lo común, oculta su condición hasta que su poder y su habilidad de sanar maduren. No debe buscar pacientes: tiene que esperar que vengan a él. Recién cuando haya ganado la confianza de los suyos, podrá informar su condición abiertamente.

---

109 Wright, Pablo, entrev. cit.
110 Wright, Pablo, entrev. cit.

Entre los tobas hay chamanes que curan y otros que dañan. Durante su trabajo de campo, Pablo Wright se contactó con Alejandro Katache, un pi'oGonag en plena actividad, de unos cincuenta y cinco años: «Narró que NioGonag (el "silbador", su principal auxiliar) siempre le avisaba en sueños de la llegada de algún visitante –cuenta Wright–. Eso le había ocurrido conmigo. Cuando mencionaba algún comentario de NioGonag respecto de mí, actuaba como si escuchase mensajes de una radio o un teléfono; aparentaba estar en conversación directa o ininterrumpida con él. En un momento, empezó a soplar un viento ligero desde el palmar. Alejandro movió su cabeza en aquella dirección y me contó que el viento le estaba *diciendo* que vendría tiempo seco, sin lluvia. Atónito, miré hacia el lado del palmar y traté de escuchar el viento, y sólo pude captar un leve susurro. Entonces me contó que él podía entender lo que le avisaba el viento, y también el torbellino, gracias a su encuentro con un ser poderoso llamado Gadawaik. Se había cruzado con este una vez que cazaba en el monte. Según su relato, Gadawaik semejaba a un hombre blanco y rico que iba montado en un ciervo, y venía a ofrecer su *haloik* (poder). A partir de allí, comenzó a entender el lenguaje del viento y pudo internarse por el monte sin que lo alcance ningún peligro».[111]

Katache contó que NioGonag tenía la altura de un niño y el cuerpo cubierto de pelos. «Dijo que solía venir en las noches a conversar con él y que emitía un silbido característico –continúa

---

111 Wright, Pablo, "Crónicas de un encuentro shamánico: Alejandro, el 'silbador' y el antropólogo", en *Chamanismo en Latinoamérica,* Isabel Lagarriga, Jacques Galinier, Michel Perrin (coord.), Plaza y Valdés, México, 1995.

Wright–; de día dormía o se internaba en alguna laguna o en el palmar. Generalmente, yo hablaba con él en sueños, aunque a veces lo hacía durante la vigilia. Al *silbador* le encantaban los cigarrillos y el vino, y a veces Alejandro se los compraba como obsequio, cosa que lo complacía mucho.»[112]

Según apunta Wright, los docentes de las escuelas de la zona no habían oído hablar de NioGonag, pero sí de la *porá*, palabra de origen guaraní que alude a un ser sobrenatural que vaga en las noches emitiendo un silbido aterrador (se lo describe como una sombra que, si se cruza con alguien, puede ocasionar la locura).

EL ÁRBOL DE COMPETENCIAS CHAMÁNICAS

Otro investigador, Ezequiel Ruiz Moras, dice que los tobas taksek entienden el orden del mundo en términos de un Todo conformado por ámbitos y sectores topográficos unidos por un eje que los atraviesa: «Este eje se conceptualiza en términos de un árbol (palo borracho, algarrobo o lapacho colorado) o *Nawe Epaq* ("árbol de prueba"), que mantiene, comunica y diferencia los planos cosmológicos, y a la vez funciona como lugar de iniciación chamánica o "prueba de poder y de conocimiento"», apunta Ruiz Moras. Y agrega: «Las culturas chaqueñas asocian a cada nivel, sector o parte del cosmos determinadas entidades que las habitan y controlan».[113]

Los seres sobrenaturales se relacionan con los hombres bajo la forma de espíritus auxiliares. En tanto "dueños" de ciertas es-

---

112 Wright, Pablo, ob. cit.
113 Ruiz Moras, Ezequiel, "Las palabras del mundo de los tobas taksek del Chaco Central", en revista *Anthropologica,* Año XIII, N° 13, Lima, 1995.

pecies animales, las cuidan y prescriben determinadas prácticas a los seres humanos. Guiados por sus auxiliares, los chamanes tienen la facultad de *ver más allá* de lo evidente, curar o dañar y atravesar los diferentes planos del cosmos.

Según Ruiz Moras, el acceso a la condición chamánica se establece a partir de una búsqueda voluntaria de poder, bajo la forma de tres instancias: la transmisión de saliva (un pariente introduce su saliva en la boca de un hijo o nieto con el fin de traspasarle su poder, sus objetos de poder y sus vigilantes o lawanek), los encuentros con un no'wet, y los sueños y las visiones (a partir de la experiencia trascendental del sueño, el novicio trata de ascender por el Nawe Epaq y de dialogar con las entidades sobrenaturales que lo habitan, quienes evaluarán sus intenciones y habilidades). La caída del Nawe Epaq supone un fracaso en la obtención de poder: «Al que prueba y se cae se lo comen los *bichos* que están abajo esperando, hecho que puede causar la enfermedad o la muerte del soñante»,[114] explica Ruiz Moras.

El poder de los chamanes se vincula al ámbito cosmológico al que pertenecen sus auxiliares. «Esto les permite curar determinadas enfermedades y desplazarse sin peligro por ciertas regiones del universo, mediante el sueño o por la ingestión de alucinógenos como el tabaco o la chicha de algarroba», señala Ezequiel Ruiz Moras. Y completa: «Estos poderes sellan una relación inquebrantable entre el pi'oGonaq, sus espíritus auxiliares y las potencias ónticas. Por ese compromiso, en determinadas circunstancias

---

114 Ruiz Moras, Ezequiel, art. cit.

(curaciones, prevenciones o tratamientos), el pi'oGonag logra concentrar los poderes recibidos. Es muy común que dichos atributos se alojen en una calabaza, o dentro del corazón».[115]

El Nawe Epaq o "árbol negro de competencias chamánicas" es una suerte de escalera para probar el poder: aquel que logra llegar hasta arriba gana más espíritus auxiliares. Ángel Achilai, un toba de la comunidad de Tacaaglé, le explicó a Pablo Wright que «los jóvenes chamanes tienen que subir en sueños hasta el extremo; dentro del árbol viven los seres no humanos que dan poder a los hombres».[116] Según Achilai, la disposición de estos seres en el árbol indica su jerarquía: en la parte superior se ubican los más poderosos, y así en orden decreciente hacia abajo. Según hasta qué lugar pueda llegar el chamán, tanto poder le será otorgado.

El encuentro con los seres sobrenaturales brinda al chamán toba la posibilidad de comunicarse con especies animales y vegetales. El que logra contactarse con los seres del nivel superior obtiene el poder de *volar,* una capacidad muy valorada. Asimismo, la posesión de espíritus auxiliares le garantiza su propia salud personal: esto se vincula con las luchas chamánicas, en las que los pi'oGonag compiten para probar quién tiene más poder. «Las batallas comienzan durante los sueños, cuando la imagen-alma del chamán se encuentra con las de otros chamanes. Las disputas resultan en la acumulación de poder por parte del ga-

---

115 Ruiz Moras, Ezequiel, ob. cit.
116 Wright, Pablo, "¿Cinco discursos y un mismo árbol? Problemas de iconografía y hermenéutica antropológica", en *Anthropologica,* Año XIII, N° 13, Lima, 1995.

nador y la pérdida por el vencido; esta pérdida se concibe como el escape de las entidades sobrenaturales del alma del chamán, lo cual lo dejará sin protección contra otros ataques y lo expondrá a la enfermedad», comenta Pablo Wright. Y agrega: «Obviamente, estos chamanes tienen una vida nocturna agitada, en tanto sus imágenes-almas viajan hacia otros dominios del universo, hablan con seres no humanos y otros chamanes, y pelean por poder. En general, permanecen despiertos toda la noche, atentos a la aparición de algún enfermo, o cuidándose del ataque de otros chamanes».[117]

SINCRETISMO Y OPRESIÓN CULTURAL

Los tobas atribuyen el origen de la enfermedad a la acción de chamanes que envían entidades no humanas a la víctima, o a transgresiones de tabúes y al castigo de los entes que gobiernan las especies o sustancias involucradas. Para curar a la persona, el pi'oGonag debe identificar la causa de la dolencia. Utiliza su calabaza para llamar a su espíritu auxiliar y dialoga con él a través del canto, y le pregunta sobre la enfermedad del paciente.

«A veces, el chamán entra en éxtasis –dice Wright–, un estado considerado óptimo para contactar auxiliares. Si el espíritu identifica la enfermedad, informa al chamán cómo curarla. Si no, le dice que instruya al paciente para que consulte a otro chamán. Una vez que la causa es revelada, el chamán pasa sus manos so-

---

117 Wright, Pablo, entrev. cit.

bre el cuerpo del enfermo y procede a succionar, soplar o cantar, de acuerdo con las instrucciones recibidas.»[118]

Habitualmente, el chamán muestra el *objeto* que causó la enfermedad (pequeñas piedras, gusanos, palillos y otros elementos) a las personas presentes, y lo arroja o se lo traga para incrementar su propio poder. Una vez curado, el paciente debe abonar al chamán con bienes de varias clases. Si el pago no se realiza, el chamán corre ciertos riesgos, ya que su auxiliar podría enojarse e interrumpir el vínculo con él, con lo cual quedará desprotegido y sin capacidad para curar.

En la actualidad, el rol del chamán es el de sanador del cuerpo y del espíritu. «En el pasado, también se encargaba de la salud de la comunidad –apunta el antropólogo Wright– o de determinar el mejor momento para iniciar una guerra, de acuerdo con señales de los animales o a partir de sueños. En general, los jefes tenían que ser chamanes: los pi'oGonag eran personajes prestigiosos, ya que el poder político debía poseer una fuerte conexión con el mundo sobrenatural.»[119]

A partir de 1940, comenzó a llegar una oleada de misioneros pentecostales al Chaco. Los tobas que presenciaron esos cultos quedaron impresionados por el ritual, comenzaron a interpretar el mensaje cristiano de acuerdo con su propia visión religiosa y, finalmente, copiaron el sistema. Desde entonces, muchos elementos del chamanismo se incorporaron a la Iglesia Evangélica Unida

---

118 Wright, Pablo, entrev. cit.
119 Wright, Pablo, entrev. cit.

Toba; actualmente, cada comunidad tiene por lo menos una iglesia (por lo común, los blancos no participan de la organización).

Cuenta Wright que «en Tacaaglé siempre fue muy problemático encontrar contextos y personas adecuados para hablar de "cosas de los pi'oGonag". Todo el mundo negaba que existieran o, a lo sumo, identificaban a otros como pi'oGonag, pero nunca hablaban en primera persona. La práctica del chamanismo era siempre ubicada en el pasado, algo superado definitivamente por la "seguridad" y el "bienestar" provistos por el evangelio cristiano».[120]

El proceso de opresión cultural, económico y político fue tan arrollador, que los indígenas del Chaco se sienten muy desautorizados respecto de su propia cultura. «Sin embargo, los chamanes tradicionales continúan curando a los enfermos —concluye este antropólogo—. Muchos participan de los cultos pentecostales, como cualquier otro *hermano en la fe*. Los más poderosos todavía mantienen parte de su prestigio político gracias a sus éxitos terapéuticos. A pesar del gran número de conversos y de la manera en que los pentecostales enfrentan a Dios con los chamanes, los tobas todavía consideran que estos tienen un poder vital para asegurar el bienestar de los individuos y de la comunidad.»[121]

120 Wright, Pablo, ob. cit.
121 Wright, Pablo, entrev. cit.

CAPÍTULO VII

MUJERES DE PODER EN LOS ANDES DEL SUR

Antes del arribo de los españoles, las comunidades mapuches habitaban el centro de Chile y los territorios linderos del lado argentino. Los conquistadores ocuparon toda la región al norte del río Bío Bío, y establecieron así la primera frontera arbitraria para estos grupos indígenas; hacia fines del siglo XIX vino el segundo golpe de gracia: la Campaña al Desierto en la Argentina, que los obligó a retroceder aún más. Actualmente, viven en el sur y centro de Chile, donde practican la ganadería, la agricultura de subsistencia y además realizan artesanías; otras pequeñas comunidades sobreviven en las provincias meridionales de la Argentina. Incorporados de manera muy marginal en las economías regionales y en la vida política de estos países, reclaman su derecho a trabajar las tierras que les fueron arrebatadas e intentan mantener su particularidad social y cultural.

La palabra *mapuche* se traduce como "gente de la tierra" (*araucano* es una voz introducida por los españoles). «En tanto hombre de la tierra –dice el profesor Juan Adolfo Vázquez–, el mapuche siente la presencia de algo que está mucho más alto y que aparece a menudo en sus cantos aludido por la frase *wenu mapu*, "la tierra o país celeste".

El mapuche sabe de la existencia de esos cielos que separan la tierra del más alto campo cósmico donde mora su Dios Supremo, Gnechen: entre este y los niveles más bajos se encuentran los diferentes espíritus y auxiliares, cuyos servicios terapéuticos trata de reclutar el chamán.»[122]

El personaje que lidia habitualmente con lo sobrenatural, entre los mapuches, es la *machi*. En su trabajo de campo realizado al sur de Chile, en 1972, Vázquez entró en contacto con once machis, todas mujeres. «En estudios publicados sobre el chamanismo en Siberia y entre los mapuches, se dice a veces que los chamanes eran hombres homosexuales, que inclusive practicaban el travestismo, y vestían ropaje femenino. Es probable que en algunas sociedades haya chamanes homosexuales, pero parece claro que ni el chamán es necesariamente homosexual, ni los homosexuales tienen condiciones especiales para adquirir técnicas del éxtasis»,[123] aclara el profesor.

Lo cierto es que en la actualidad, la mayoría de las machis son mujeres: se casan, crían hijos, cuidan sus hogares y tienen las ocupaciones usuales femeninas, excepto cuando se involucran en actividades profesionales. «Se hicieron varios esfuerzos por explicar el pasaje de machis hombres a mujeres –agrega la especialista Mischa Titiev–. La mayoría de las veces se lo asocia con la declinación del prestigio masculino que siguió a la culminación de las guerras.»[124]

El signo más tangible de una machi moderna es un tronco con incisiones que permiten ascender por él, conocido como

---

122 Vázquez, Juan Adolfo, "Introducción: naturaleza y significación del chamanismo", en *Shamanismo sudamericano,* Juan Schobinger (comp.), Ediciones Continente / Editorial Almagesto, Buenos Aires, 1997.

123 Vázquez, Juan Adolfo, ob. cit.

124 Titiev, Mischa, "Araucanian Shamanism", en *Boletín del Museo de Historia Natural,* t. xxx, Santiago de Chile, 1969.

rewe (poste sagrado, símbolo del *axis mundi*), que se coloca frente a su casa, generalmente en un ángulo. Culmina en una plataforma chata, y está habitualmente coronado por ramas de canela, jengibre, laurel y otra vegetación sagrada. Cada machi tiene su propio rewe instalado permanentemente frente a su morada (llamada *ruca*); en ocasiones, presenta un rostro tallado sobre el último escalón –el del dios Gnechen–, y es bastante común que se lo coloque al lado de la tumba de la machi cuando esta muere.

«Las machis desean tener aprendices que les sirvan como ayudantes –dice Mischa Titiev–, pero existe una asociación tan estrecha entre las machis y las brujas, que las mujeres jóvenes rehúsan ingresar en la profesión y convertirse en aprendices. Como consecuencia, las machis experimentadas frecuentemente amenazan a las pacientes femeninas con la muerte, a menos que acuerden en convertirse en futuras chamanes.»[125]

Sin importar qué es lo que lleve a una persona a la profesión, la mayoría de las machis cree sinceramente que ha recibido un llamado divino. «Aunque el rechazo a servir es comúnmente interpretado como riesgo de muerte, se conocen casos de machis que abandonaron la práctica»,[126] asegura Titiev.

La aprendiz de chamán, entre los mapuches, debe estudiar las propiedades de las plantas medicinales, aprender a diagnosticar enfermedades y realizar curas, entrar en trances extáticos y recitar fórmulas sacras. Además, debe adquirir las técnicas del canto

---

125 Titiev, Mischa, ob. cit.
126 Titiev, Mischa, ob. cit.

y el arte de tocar el *kultrún* o tamboril sagrado (cada kultrún so-lía ser decorado del lado exterior con varios símbolos dibujados con la sangre de un animal sacrificado por orden de la machi).

Por último, la novicia debe iniciarse en los misterios de la naturaleza, del cuerpo y del alma humanos, y del cosmos en ge-neral. «La iniciación formal bajo la dirección de una machi con-sumada ocurre después de un período en el cual debe probar la autenticidad de su vocación –apunta Juan Adolfo Vázquez–. Una de las formas en las que se manifiesta este llamado es mediante los sueños, que a veces se repiten con insistencia. En otros casos, sigue a alguna enfermedad, durante la cual la paciente dice que ciertas potencias superiores le dieron a entender que no dejarían de mar-tirizarla hasta que aceptase su destino como chamán.»[127]

Una primera ceremonia confirma de manera "oficial" la con-dición de novicia. «Durante la iniciación –cuenta Vázquez, quien realizó tres películas que documentan estos rituales–, los cantos y la música del kultrún procuran atraer los espíritus que protegerán a la aspirante y asegurarán el éxito de la ceremonia. El espacio sa-grado que ocupa la joven es protegido también por la marcha circular de los asistentes que van llegando a medida que avanza la tarde. Al principio, uno de ellos hace sonar la trutruka, largo ins-trumento de viento que termina en un cuerno de vaca. Entre los primeros en iniciar la ronda, se ve a un tocador de pifilka, otro instrumento de viento, quien se mueve dando pasos cortos y rítmicos. El círculo de danzantes se va haciendo cada vez más

---

127 Vázquez, Juan Adolfo, ob. cit.

compacto. Todos bailan con movimientos pausados, tomados de la mano. La niña, que fue desnudada por su madre y ayudantes antes de ser cubierta por plantas medicinales, símbolos de restauración de la vida, se mantiene inmóvil, pálida y con los ojos cerrados; aunque a veces se nota un pequeño estertor. Posiblemente esté en trance.»[128] Después de un largo recitado por parte de un anciano, la aspirante, ya vestida e incorporada en su lecho, abraza un árbol sagrado (erigido con ramas de laurel y maqui en medio del círculo de músicos y cantantes). Este acto, según Vázquez, simboliza «el sacro matrimonio de la joven aprendiz con el Dueño de la vida y del universo».

Un año más tarde, deberá realizarse una ceremonia parecida para consagrar a la novicia de manera definitiva. Mientras tanto, continúa aprendiendo cantos y toques sagrados, y profundizará en el dominio de las artes de curación.

Cada cinco años, las machis deben realizar una ceremonia para demostrar que todavía son aptas para practicar su arte. El ritual se llama *machi purrún* ("baile de machis"). «El tronco sagrado –relata Vázquez– es erguido en medio del campo. A él atan una oveja y un caballo adornado con flores de copihue. Junto al poste se colocan ramas de árboles. Al lado del Árbol Cósmico, se sienta una machi vieja que no deja de tocar el kultrún, en tanto que una niña, al lado de la oveja y del caballo, abanica el aire con una pequeña rama para limpiar el ambiente de posibles potencias hostiles y facilitar la comunicación con el otro mundo.»[129]

---

128 Vázquez, Juan Adolfo, ob. cit.
129 Vázquez, Juan Adolfo, ob. cit.

La ceremonia continúa al día siguiente. Llegan parientes y amigos de ciudades lejanas. Todos danzan al son de los tambores y los instrumentos de viento. También *bailan* los caballos, galopando con sus jinetes alrededor del *centro cósmico*, describiendo un círculo en sentido opuesto al de las agujas del reloj. «Hacia el final de la fiesta –completa Vázquez–, la machi más vieja se acerca bailando y tocando el kultrún hasta el rewe que se levanta frente a la casa y, ante la admiración de todos, asciende por sus propios medios, aparentemente en estado de trance, hasta el tope del poste sagrado, donde todavía baila unos pasos sobre la efigie de Gnechen. Luego, varios acompañantes la ayudan a descender, en su simbólico regreso del viaje al Cielo.»[130]

MACHITUN: EL RITO DE CURACIÓN MAPUCHE

La tarea fundamental de la machi es sanar a los enfermos. La mayoría de las curas se intentan, en primer término, por la vía medicinal; las curas mágicas sólo se procuran cuando los preparados de hierbas no tienen efecto benéfico. Los ritos de curación se denominan *machitun*. Según Mischa Titiev, los mapuches no reconocen ninguna causa natural de muerte y enfermedad, ni siquiera cuando siguen a un accidente o resultan de la edad avanzada. «Para ellos, toda enfermedad involucra algún tipo de brujería –afirma Titiev–. El causante es siempre un hechicero, que envía espíritus demoníacos para enfermar a la persona, o hace que un objeto o veneno ingrese a su cuerpo.»[131] La función de

---

130 Vázquez, Juan Adolfo, ob. cit.
131 Titiev, Mischa, ob. cit.

la machi es contrarrestar el trabajo del brujo utilizando su poder sobrenatural. «En ocasiones —dice Titiev—, se la llama para adivinar la causa de una muerte: en tales casos realiza una suerte de autopsia, quitando algunos de los órganos del cuerpo para su examen.»[132] A veces se le solicita, además, que revele la identidad del hechicero que causó la enfermedad.

Ciertas enfermedades son atribuidas a la pérdida temporaria del alma. Entonces, la machi abandona su cuerpo y se adentra en los Infiernos o en las regiones habitadas por el espíritu raptor. Eventualmente, en vez de emprender la búsqueda del alma, se limita a suplicarle que vuelva.

Según Titiev, los rituales de curación son tan problemáticos y caros que raramente se ordena alguno hasta que no se hayan probado todos los remedios ordinarios: «Cuando se decide que hace falta un machitun, una delegación visita a la machi y le pide sus servicios. A veces, llevan una prenda interior del enfermo, o una muestra de su orina, para que la machi pueda hacer un diagnóstico preliminar. Eventualmente, llevan un poco de su saliva, que se le da a un animal que es posteriormente sacrificado. La machi examina, entonces, varios órganos en busca de signos de la enfermedad».[133]

En los casos en que el paciente puede ser transportado, la machi realiza el ritual en su propia casa. Si no, se dirige a la casa del enfermo, y hace llevar su rewe hasta allí temporariamente. Antici-

---

132 Titiev, Mischa, ob. cit.
133 Titiev, Mischa, ob. cit.

pándose a su llegada, un número de invitados se reúne en la morada; posteriormente, la machi examinará al enfermo con cuidado, frotando la zona afectada, succionando o removiendo la supuesta causa de la enfermedad, y aplicando la medicina. El rito también incluye toques de tamboril, fumatas de tabaco, recitado de plegarias y danzas. De tanto en tanto, a una señal de la machi, uno de los espectadores masculinos golpea unas ramas y emite el tradicional grito ritual: «¡Ya, ya, yai!».

En cierto momento, se supone que la machi entra en trance y conversa con los espíritus. «En tales ocasiones –comenta Titiev–, un hombre especialmente indicado, que tiene una memoria poderosa, le hace toda una serie de preguntas sobre la enfermedad del paciente. Más tarde, cuando la machi vuelve a la normalidad, este hombre debe repetir toda la conversación, y la chamana debe explicar a todos lo que le dijeron los espíritus mientras estaba en trance.»[134]

Durante el curso de un machitun, la machi suele salir apresuradamente de la casa para subir y bajar por el rewe: arriba tiene su comunión con sus espíritus auxiliares. Por momentos, danza con gran vigor; finalmente colapsa en los brazos de algún ayudante masculino. Los aspectos fundamentales del ritual son la subida extática al rewe (que simboliza el viaje al Cielo) y la plegaria dirigida al Dios Supremo, que se cree que otorga a la machi los dones y los elementos para la sanación. La machi se dirige en principio al Dios-Padre, luego a Anchimalen (la mujer o la "amiga" del

---

134 Titiev, Mischa, ob. cit.

Sol) y, finalmente, a las almas de las machis muertas (que se supone que la observan desde los Cielos). Después de solicitar la ayuda y protección de Dios y de las machis muertas, la chamana anuncia «que va a montar a caballo con sus asistentes, las machis invisibles». Para alcanzar el trance recurre a la danza, acompañada siempre por tamboriles y cencerros. Cuando está por caer al suelo, casi sin conocimiento, eleva los brazos y empieza a girar: entonces se acerca un hombre para sostenerla y evitar que caiga.

Un machitun es una ceremonia muy costosa y que consume mucho tiempo, «y las chamanas que las conducen son bien pagadas por sus servicios. Obviamente, un mapuche pobre nunca puede acceder a un machitun»,[135] destaca Mischa Titiev.

Una de las ceremonias más importantes entre los mapuches es el Nguillatún. Es una festividad que suele durar cuatro días, aunque a veces se hace más breve por motivos económicos. «Cada familia se instala en una construcción de palos y ramas, de forma elíptica, con algunos enseres domésticos –dice Juan Adolfo Vázquez–. Durante la festividad se bebe un licor ritual (mudai). Cerca del poste sagrado, se ata una oveja: más tarde será sacrificada y su corazón será colocado en la punta de una caña y llevado en procesión circular por participantes de ambos sexos y de diferentes edades, en sentido inverso al de las agujas del reloj. También tiene lugar un *baile de caballos* similar al del machi purrún.»[136]

La ceremonia reúne a muchas familias vecinas y tiene gran importancia social: su objeto es agradecer los beneficios recibidos a

---

135 Titiev, Mischa, ob. cit.
136 Vázquez, Juan Adolfo, ob. cit.

los poderes sobrenaturales, o solicitar futuros favores relacionados con la fertilidad de la tierra y las cosechas.

«Una de las hijas de una machi en cuya casa se celebró un machi purrún me confesó que a veces sentía grandes deseos de seguir los pasos de su madre, pero otras veces dudaba a causa de los atractivos de la civilización moderna»,[137] cuenta Vázquez. Según este especialista, casos como este ilustrarían el hecho de que el chamanismo entre los mapuches no es tanto una alternativa frente a la religión cristiana, sino una forma de afirmar valores culturales frente a los de la sociedad occidental moderna.

LA ESPERANZA DE UNA MACHI

Luego de años de conocer a la machi Carmela Romero Antivil, habitante de un pueblito situado a unas horas de la ciudad de Temuco, la antropóloga chilena Sonia Montecino escribió un libro sobre su vida,[138] por pedido expreso de la sabia. «La machi es una mujer que no sólo ve las plantas sino que las lee para encontrar su significado y su uso ante las enfermedades del cuerpo. En sueños, recibe instrucciones sagradas sobre lo que debe hacer para curar y preparar remedios; tiene un dominio del entorno muy fuerte e invoca a los elementos del cielo, la tierra y el agua como espíritus vivos»,[139] explica Montecino.

---

137 Vázquez, Juan Adolfo, ob. cit.
138 Montecino, Sonia, *Sueño con menguante,* Sudamericana, Santiago de Chile, 1999.
139 Montecino, Sonia, "La sabiduría de un pasado vivo en la modernidad", en *Servicio Informativo Iberoamericano de la OEI,* Patricia A. Peña M. (entrev.), Santiago de Chile, edición para Internet,1999.

En un pueblo con una organización básicamente patriarcal, las mujeres, a excepción de las machis, tienen un rol menor. En tanto es capaz de contactarse de manera directa con el mundo de los espíritus y divinidades, la machi porta un poder muy especial, pero a la vez suele encontrarse en el límite entre el bien y el mal. «En su comunidad, Carmela siempre fue tachada de bruja, y gran parte de su vida ha sido demostrar que no lo es. En particular porque es una mujer que no recibió su poder de otro, sino que fue oficiada en sueños»,[140] comenta Montecino. Según la antropóloga, en este momento, en que los mapuches están planteando toda una serie de exigencias el Estado chileno, las machis están teniendo un rol clave, ya que no sólo poseen un poder ritual sino también cierto peso político. «Hay que tener en cuenta que, paralelamente al proceso de integración con el mundo chileno y al creciente interés de los blancos (o *huincas*) por el chamanismo, está siendo muy fuerte, por ejemplo, la presencia de iglesias cristianas o evangélicas, para las cuales la machi es símbolo de idolatría o herejía. A la vez, los jóvenes mapuches con estudios superiores ven a las machis desde lejos, aunque respetándolas como parte de su tradición.»[141] Luego de una amistad de muchos años, Carmela Romero Antivil le pidió a Sonia Montecino que escribiera su biografía para que el mundo antiguo, del que ella forma parte, no se pierda, confiando además en que su historia pueda servir como un puente para que los huincas dejen de mirar a los mapuches como extraños y sean capaces de reconocer la riqueza de su cultura.

---

140 Montecino, Sonia, entrev. cit.
141 Montecino, Sonia, entrev. cit.

Capítulo VIII

UN CONOCIMIENTO ARCAICO PARA UN HOMBRE NUEVO

Tendría escaso sentido acercarse a la cosmovisión chamánica de los pueblos indígenas y a las prácticas de los maestros del éxtasis sólo para satisfacer la buena conciencia burguesa y el afán romántico cultivados por ciertos habitantes de las grandes ciudades. Menos sentido aún tendría aproximarse a estos conocimientos con la idea de obtener algún *poder* –tanto sea para curar, para modificar el rumbo de la vida o para atraer la buena fortuna–, o de convertirse en un ser especial con cualidades singulares. De hecho, como dice el mexicano Víctor Sánchez, «los chamanes de carne y hueso que conocí son reputados por poseer como rasgo primordial el compromiso de servicio hacia sus comunidades. Lo extraordinario de ellos no es el poder que tienen, sino su gran vocación de servicio, que no espera recompensa alguna».[142]

Según revelan los distintos testimonios, muchos chamanes de diferentes grupos indígenas de todo el planeta están luchando por sobrevivir y preservar su tradición espiritual no para ellos ni para sus descendientes sino para el mundo entero. «Los chamanes no hacen lo que hacen por una cuestión personal. Participan, junto con su comunidad, en la tarea de recordar y tener siempre presente el medio de retornar al Espíritu y vivir en armonía con él»,[143] destaca Sánchez.

---

142 Sánchez, Víctor, "Chamanes sobrevivientes", en *Uno Mismo* Nº 210, Agedit, Buenos Aires, 2000.
143 Sánchez, Víctor, art. cit.

Por lo tanto, el cambio más interesante que se vislumbra bajo el renovado interés por el chamanismo –evidente en muchas ciudades del orbe a comienzos del siglo XXI– es el reconocimiento de que tenemos mucho que aprender del modo en que los indígenas participan de la vida. Y la sospecha de que podemos enriquecer nuestras propias existencias, y mucho, con sus conocimientos.

«Al igual que la mayoría de los occidentales, cuando llegué al Amazonas hace veinte años creía que la magia era un fenómeno ligado a la ingenuidad y al primitivismo, y que la ciencia podía proporcionar una explicación sobre el funcionamiento del mundo. Sin embargo, las situaciones que atravesé a lo largo de estos viajes me transformaron personalmente y, lo que es más importante, me condujeron hacia un tipo de experiencias vitales destinadas a restaurar el equilibrio en nuestros mundos social y ambiental», reconoce el etnobotánico Terence McKenna.[144]

El papel fundamental de los chamanes, como sanadores del cuerpo y del alma, es, en definitiva, asegurarse de que los miembros de su grupo no pierdan su conexión sagrada con todo lo que los rodea. «La experiencia chamánica es importante para nosotros, los miembros de las modernas sociedades urbanas, por nuestra falta de medios adecuados para reconectar nuestro ser con el Espíritu –sugiere Víctor Sánchez–. Esto está provocando, tanto en el plano individual como en el de la especie, una destrucción permanente.»[145]

---

144 McKenna, Terence, *El manjar de los dioses,* Piadós, Barcelona, 1993.
145 Sánchez, Víctor, art. cit.

¿Qué significa, entonces, que gran cantidad de personas vuelvan a estas antiguas tradiciones espirituales y de sanación en un mundo como el actual, donde predominan las corporaciones financieras multinacionales, las computadoras y las redes electrónicas? Ralph Metzner responde: «El ataque industrial y tecnológico que hemos lanzado contra la biosfera deriva en gran medida de la ciencia mecanicista moderna, que se divorció deliberadamente de los valores humanos, la espiritualidad y la conciencia. A partir de allí, se abrió un enorme abismo con lo que consideramos sagrado. Sin embargo, por la experiencia de muchos individuos del mundo occidental con distintas prácticas chamánicas, estamos asistiendo al resurgimiento de la antigua cosmovisión integradora que ve en toda manifestación de vida una red interdependiente de relaciones que debe ser cuidadosamente protegida y preservada».[146]

Los grupos indígenas que lograron resguardar sus tradiciones del huracán del progreso y de la actitud avasallante que caracteriza a Occidente tienen entre manos un conocimiento profundo y silencioso, producto de su comunicación ininterrumpida con el otro mundo. Tienen mucho para compartir, y aún estamos a tiempo de escucharlos.

---

146 Metzner, Ralph, art. cit.

GLOSARIO

Alucinógenos: plantas *sagradas* que alteran las funciones de la mente y el cuerpo y ponen a los chamanes en comunicación con el reino de los espíritus; en las sociedades arcaicas fueron consideradas las "plantas de los dioses", por ser la presunta morada de divinidades y otras fuerzas espirituales.

Amanita muscaria: conocido como matamoscas, es un hongo con sombrero rojo y puntos blancos, utilizado como enteógeno natural en ceremonias religiosas y curativas, especialmente por los pueblos nómades de Siberia.

Ayahuasca *(Banisteriopsis caapi):* planta maestra y purgativa, utilizada para la curación de enfermedades emocionales y del espíritu. Es considerada la madre de las plantas en la selva amazónica. La bebida se elabora a partir de la liana *Banisteriopsis caapi* y uno o más aditivos. En muchos lugares, el aditivo principal es el arbusto *Psychotria viridis*, de la familia del café. En algunas áreas de Colombia, Brasil y Ecuador, se usa otra liana, *Diplopterys cabrerana*.

Buriatos: comunidad de origen mongol afincada en el noreste de China y en la zona del lago Baikal.

Chamán: etimológicamente, el término *chamán* está vinculado a la idea de movimiento y agitación. En la segunda mitad del siglo XVII, ciertos viajeros rusos lo tomaron de las tribus tunguses del noreste siberiano, que señalaban con este término (*shaman* o *saman*) a su especialista en la realización de *viajes* al mundo de los espíritus.

Enteógenos: neologismo que refiere a las plantas u hongos utilizados por pueblos arcaicos y contemporáneos para ponerse en contacto con sus divinidades.

Éxtasis: en términos generales, refiere a la unión del alma con Dios. En el caso del chamán, señala su capacidad de comunicarse de manera directa y voluntaria con el mundo de los espíritus.

Gentiles: antiguamente, el término se aplicaba a aquellos grupos o individuos que tenían una religión diferente de la cristiana.

Ícaros: cantos y melodías mágicas que los chamanes amazónicos aprenden directamente de los *espíritus de las plantas*.

Kultrún: tamboril sagrado utilizado por la machi mapuche en sus ceremonias. Es un instrumento musical membranófono, de golpe directo, semiesférico, con cuerpo de madera excavada y membrana de cuero atada. Se ejecuta de dos maneras: sostenido en la mano y percutido con una baqueta, o apoyado en el suelo y percutido con dos baquetas.

Machi: nombre otorgado al chamán entre los indígenas mapuches. Puede ser de ambos sexos, pero, al menos desde el siglo XVIII, predominan las mujeres.

Peyote (*Lophophora williamsii*): cacto alucinógeno originario del desierto de Chihuahua. Es el sacramento religioso tradicional de muchas tribus mexicanas, particularmente de los tarahumaras y huicholes; más recientemente se extendió a algunos grupos norteamericanos y canadienses. También es utilizado en ceremonias curativas, y su principal alcaloide psicoactivo es la mescalina.

Plantas maestras: en general, se habla de unas doscientas especies de uso comprobado que al ser ingeridas como bebida o por otra vía, evidencian propiedades muy fuera de lo común. Los chamanes amazónicos las llaman *maestras* porque ellas les enseñan el camino para sanar una enfermedad del cuerpo o del alma.

Psilocybe mexicana Heim: hongo de uso sacramental y mitológico, conocido como *teonanácatl*, muy arraigado en la tradición mesoamericana. Se utiliza para la adivinación y en ceremonias curativas. Su principal agente psicoactivo es la psilocibina.

Rewe (o **rehue**): poste ritual de la machi, con varias incisiones realizadas a modo de escalones (por lo común, son cuatro o siete escalones). En algunos casos, tiene tallado el rostro de Gnechen, la divinidad mapuche, sobre la plataforma superior.

Seripi'gari: nombre otorgado al chamán entre los indígenas matsigenka de la Amazonia peruana.

Shuar: etnia que habita el Alto Amazonas ecuatoriano, conformada en la actualidad por unos 40 mil individuos. En Occidente, se los conoce como *jíbaros* (nombre que ellos rechazan por ofensivo).

Tabaco (*Nicotina tabacum*): es el "director" de las plantas maestras en la Amazonia. Se lo emplea para resolver problemas emocionales y mentales. Sirve para *enderezar* el cuerpo energético cuando este es interferido. Aplicado sobre las mordeduras de serpiente, neutraliza el veneno.

Tesgüino: bebida alcohólica obtenida de la fermentación de granos de maíz cocidos. Se consume en reuniones sociales y religiosas, y forma parte central del esquema cultural de los indios tarahumaras.

Toloache (*Datura stramonium* o *datura inoxia*): planta de flor blanca en forma de campanilla. Los indígenas de México y el suroeste norteamericano le dan un uso medicinal (como analgésico) y lo utilizan como enteógeno sagrado. También se le atribuyen propiedades afrodisíacas.

Trance: alude al estado en que ingresa el chamán, de manera voluntaria, a fin de efectuar sus viajes al mundo de los espíritus. Por lo común, accede a ese estado por medio de danzas, golpes rítmicos de tambor, consumo de alucinógenos o bebidas embriagantes, ayunos u oraciones.

Tunguses: pueblos asiáticos que habitaron desde el océano Pacífico –mar de Bering– hasta el río Yeniséi, y desde Manchuria en el sur hasta el océano Glacial Ártico.

Tapty: nombre con el que los grupos buriatos y altaicos se refieren a los peldaños del árbol chamánico.

Wigwan: choza cónica conformada por un armazón de madera cubierta de corteza de árboles u otros vegetales. Es característica en los indígenas del este de Norteamérica.

Yurte: tienda de planta circular, conformada por un armazón de madera cubierto con fieltro, utilizada por los grupos nómades del norte de Mongolia.

BIBLIOGRAFÍA RECOMENDADA

• **Eliade, Mircea,** *El chamanismo y las técnicas arcaicas del éxtasis,* **Fondo de Cultura Económica, 1960.** Publicado originalmente en 1951, aún hoy es considerado la Biblia del chamanismo. Aunque está escrito en lenguaje técnico, es el primer gran estudio sistemático sobre el tema, y repasa gran parte de las manifestaciones del fenómeno en Asia, América y Oceanía. Concibe al chamanismo desde una perspectiva religiosa; es decir, lo observa como una de las formas de relación entre el ser humano y el reino de lo sagrado, y da por tierra con muchos de los prejuicios existentes hasta ese momento en las filas de la psicología y la antropología.

• **Métraux, Alfred,** *Religión y magias indígenas de América del Sur,* **Aguilar, Madrid, 1973.** Otro clásico del chamanismo, centrado en las manifestaciones sudamericanas (indios tupinambas de Brasil, de las Guayanas y Amazonia, indígenas del Gran Chaco, uro-cipaya bolivianos y mapuches, entre otros grupos). A pesar de su antigüedad, continúa siendo fuente permanente de referencia y consulta.

• *Alucinógenos y chamanismo,* **Michael Harner (edit.), Ediciones Guadarrama, Madrid, 1976.** Compilación de ensayos de distintos autores que enfocan el uso de las plantas en diversas culturas, desde los grupos de la selva amazónica, que emplean la ayahuasca, hasta los pueblos mexicanos, que usan el peyote y los hongos. Marcó un hito en los trabajos de antropología de los enteógenos.

• **Reichel-Dolmatoff, Gerardo,** *El chamán y el jaguar,* **Siglo XXI, México, 1978.** Estudio antropológico de la relación entre enteógenos, ecología, curaciones y cultura entre los tukanos (pueblo indígena de la región amazónica de Colombia).

• **Fericgla, Josep Maria, *Los jíbaros, cazadores de sueños*, Integral-Oasis, Barcelona, 1994.** Diario de viaje del antropólogo catalán entre los indígenas shuar de la Amazonia ecuatoriana, con quienes convivió y tuvo la suerte de ser aceptado. Profundiza en la mitología, la simbología y el uso de enteógenos (especialmente de la ayahuasca) por parte de este grupo.

• ***Chamanismo en Latinoamérica*, Isabel Lagarriga, Jacques Galinier, Michel Perrin (coord.), Plaza y Valdés, México, 1995.** Recopilación de artículos de reconocidos especialistas europeos y latinoamericanos que se adentran en las variantes de chamanismo vigentes en México, Venezuela, Perú, Colombia y Argentina. Focaliza experiencias tanto de las selvas de la región como de algunos centros urbanos.

• **Estrada, Álvaro, *Vida de María Sabina. La sabia de los hongos*. Siglo xxi, 1995.** Biografía de la chamana mazateca que compartió sus conocimientos sobre los hongos sagrados con el mundo occidental. El autor era vecino de María Sabina y dominaba su lengua nativa. Publicado originalmente en 1975, el trabajo se fue retocando hasta la muerte de la sabia, acaecida en 1985.

• **Fericgla, Josep Maria, *Los chamanismos a revisión. De la vía del éxtasis a Internet*, Kairós, 2000.** Examen actualizado de los conceptos centrales del chamanismo y de los aspectos que rodean la figura del chamán. Una voz en contra de la difusión de cierto chamanismo *light*, al que define como producto de consumo.

MARIANO WOLFSON

Periodista y poeta. Obtuvo su licenciatura en Ciencias de la Comunicación Social (Universidad de Buenos Aires) y colaboró durante varios años con las revistas *Uno Mismo* y *3 Puntos*. En 1995, realizó un documental sobre la vida y obra del pintor argentino Ricardo Carpani. Viajero pertinaz, recorrió gran parte de América Latina. En 1997, fue nominado para los Premios Estímulos al Periodismo Joven otorgados por el Instituto Taller-Escuela Agencia (TEA). Es autor de *108 claves para transitar la crisis*, Deva's, Buenos Aires, 2003.